DRA. BEVÉ HORNSBY

GUÍA COMPLETA
DE LA DISLEXIA

Dra. Bevé Hornsby

Guía completa
de la dislexia

Para familiares y educadores

Título original: *Overcoming Dyslexia. A Straight-forward guide for families and teachers*
© Vermilion, 2001

Guía completa de la dislexia. Para familiares y educadores
© Dra. Bevé Hornsby, 2003

Quarzo

D.R. © Editorial Lectorum, S.A. de C.V., 2003
Centeno 79-A, Col. Granjas Esmeralda
C.P. 09810, México, D.F.
Tel.: 55 81 32 02
www.lectorum.com.mx
ventas@lectorum.com.mx

L.D. Books
8313 NW 68 Street
Miami, Florida, 33166
Tel. (305) 406 22 92 / 93
ldbooks@bellsouth.net

Segunda reimpresión: septiembre de 2007
ISBN: 970-732-061-3

D.R. © Traducción: Miguel Martínez Sarmiento

Impreso y encuadernado en México.
Printed and bound in Mexico.

*Para los numerosos pacientes disléxicos
que he atendido y enseñado, quienes, a
su vez, me han enseñado tanto.*

Agradecimientos

Quisiera agradecer a los padres y niños que me permitieron usar las historias de sus casos y sus trabajos escritos en este libro. Para proteger su identidad he cambiado los nombres y algunos detalles de sus casos, pero en todos los demás aspectos, las historias son verdaderas.*

Estoy agradecida con los siguientes colegas y amigos con quienes he podido compartir ideas: Maisie Holt, Marion Welchman y Sally Childs están entre las primeras que me introdujeron a este campo. Marion Welchman sigue siendo una valiosa aliada y una fuente aparentemente inagotable de información. También quisiera mencionar al profesor Tim Miles, con quien he tenido el placer y el honor de trabajar por un tiempo. Muchos han tenido alguna influencia en mis ideas y en mis métodos, incluyendo a Gerald Russell, Trevor Silverstone, Oliver Zangwill, Sandhya Naidoo, Helen Arkell, Wendy Ficher, Harry Chasty, Martin Phillips, George Pavilidis, Margaret Newton, Michael Thompson, Colin Stevenson, Margaret Rawson, Lucia Karnes y muchos otros. Quisiera agradecer también a mi editor, Piers Murray Hill, su ayuda y motivación.

Por último, quiero hacer un tributo particular a mis colegas de la clínica de dislexia del hospital St. Bartolomew, quienes estuvieron conmigo lealmente durante los difíciles y frustrantes años en que la clínica se transformaba en departamento. Ellos siguieron trabajando y enseñando de manera espléndida bajo condiciones imposibles. Sin su dedicación, la existencia del departamento no hubiera sido posible.

Bevé Hornsby

---

* Para esta traducción, agradecemos el invaluable apoyo que nos brindó Palmas Counseling Center, a través de Cathy Calderón de la Barca, al proporcionarnos ejemplos en español.

Prólogo

Cuando era niña, la gente difícilmente había escuchado sobre la dislexia, ya no digamos que supiera el significado de la palabra. Así que cuando leí el libro *Guía completa de la dislexia*, de la doctora Hornsby, me sentí aliviada de que los padres y maestros que no saben todavía nada sobre la dislexia, o que necesitan saber más, puedan comprender mejor el problema.

Un niño con una discapacidad que nadie puede ver o entender tiene una existencia solitaria. Desespera a los maestros, decepciona a sus padres y, lo peor de todo, es que sabe que no hay manera segura de demostrarles que no es ningún estúpido. En la escuela, yo solía esperar aterrada a que la maestra me señalara con el dedo y me dijera: "Susan, levántate y lee los siguientes dos párrafos." Mientras sufría tratando de descifrar las palabras, la transpiración corría bajo mis brazos y hacía pequeños charcos en el piso. Sin embargo, fui afortunada. Asistí a la escuela de mi madre, donde me protegieron y me motivaron a través del trabajo duro para desarrollar dos cualidades: paciencia y determinación, las cuales he apreciado desde entonces. Pero conozco a muchos disléxicos cuyos compañeros de escuela destrozaron su confianza y que nunca han recibido la atención adecuada.

Hay una necesidad desesperada de que se comprenda mejor cómo enfrentar la dislexia en casa, en la escuela y en la vida futura. Creo que este libro, tan sencillo de leer, satisface esta necesidad. Es optimista, está lleno de consejos prácticos y, en mi opinión, no debe faltarle a ningún maestro o padre de un niño disléxico.

Susan Hampshire

Mi hijo Linford es disléxico. También es excepcionalmente brillante, pues tiene un coeficiente intelectual superior a 130. En su primer año escolar, Linford no hizo ningún progreso en lectura y escritura. Ignorando su evidente inteligencia, sus maestros pensaron que era lento, nos dijeron que no nos preocupáramos y que no había nada que pudiéramos hacer. Yo también soy disléxica, así que fui afortunada al poder reconocer los signos de aviso. Llevé a Linford a la edad de seis años con la doctora Hornsby, quien le diagnosticó la dislexia. Durante su formación escolar, él no había podido reconocer ninguna letra del alfabeto. Entonces comenzó a tomar clases especializadas con un maestro entrenado con los métodos de la doctora Hornsby, que se describen en este libro.

La transformación de Linford fue milagrosa; ahora tiene nueve años y posee un nivel de lectura de doce años y un nivel de escritura de once. Gracias a la detección temprana y la ayuda adecuada, se desenvuelve bien en la escuela, trabaja con entusiasmo y disfruta de la vida al máximo. En resumen, ha superado su dislexia. No puedo agradecer lo suficiente a la doctora Hornsby y a sus colegas por salvar a Linford de una angustia permanente por su discapacidad. Es maravilloso que este libro ponga su sabiduría y experiencia al alcance de quien lo necesite. Mi esperanza es que ayude a hacer que las historias exitosas, como la de Linford, sean la regla, más que la excepción.

Angharad Rees

Introducción

Estimada doctora Hornsby:
Le escribo en un estado de total desesperación. Tengo un hijo, John, de ocho años y medio, que me causa gran preocupación. Hace algunas semanas su maestra me dijo que su nivel de lectura es solamente de seis años. Su escritura y ortografía son deplorables. Comprobaron su coeficiente intelectual y está en el promedio. Yo sé que no es estúpido, de hecho, es bastante inteligente. Prácticamente está en el último lugar de su grupo y va en retroceso.
Le pido su ayuda para definir su problema y resolverlo de alguna manera. Estoy dispuesta a renunciar a mi trabajo como enfermera, si fuera necesario, para trabajar constantemente con John en cualquier actividad correctiva que hiciera falta, pues sé que en algún lugar debe haber algo que sirva.

Esta conmovedora petición es típica de las muchas cartas que recibo regularmente de padres preocupados. Comprendo perfectamente su ansiedad. En la sociedad actual, el manejo del lenguaje es la llave del éxito en la escuela y en el empleo. Si ha notado que su hijo se retrasa en su lectura y escritura, aunque parezca bastante inteligente, es natural que se sienta preocupado: ¿Habrá algo malo en él? ¿Cómo va a sobrellevar la escuela? ¿Este problema tendrá consecuencias duraderas en su vida futura? También puede estar preocupado porque los demás piensen que el niño es estúpido o simplemente perezoso.

Como explicaré a lo largo de este libro, la dislexia no es un signo de poca inteligencia, ni tampoco es la excusa de los padres de clase media del retraso o la distracción de sus hijos. Es una condición diagnosticable común que afecta, al menos, a un niño de cada diez. Una significativa proporción de adultos es disléxica también, incluyendo algunas personalidades reconoci-

13

das y exitosas como Susan Hampshire, Angharad Rees, Beryl Reid, Sarah Miles y el campeón olímpico de natación, Duncan Goodhew, por nombrar algunos.

Mi interés en la dislexia nació a finales de los años sesenta cuando, como directora de la Speech Therapy Clinic, cerca de Londres, uno de mis proyectos de investigación demostró que la gran mayoría de niños pequeños con algún impedimento temprano de dicción más tarde tenía problemas con la lectura. En 1971 fui directora de la clínica de dislexia del hospital Saint Bartolomew de Londres. En aquel entonces, la clínica sólo tenía dos empleados calificados. Tal fue la demanda de ayuda especializada que para 1981, nuestro equipo aumentó a veinte maestros especializados, quienes atendían a más de ciento setenta disléxicos por semana. Durante mi estancia en la clínica, realicé un estudio a 243 disléxicos para conocer las causas de esta condición. Muchos de los hechos y datos estadísticos que aparecen en las páginas que siguen, se basan en los resultados de ese estudio y se publican por primera vez en este libro.

Espero que esta obra les transmita algunas de las ideas que mi trabajo me ha dado sobre dislexia, y ayude a los disléxicos, así como a sus padres y maestros, a entender y enfrentar exitosamente los problemas que esta enfermedad puede causar. Si, al aumentar la conciencia de las personas sobre la dislexia, sirve como una orientación para mejorar su atención al reconocer y enseñar a los disléxicos, logrará por completo su objetivo.

En la primera mitad del libro muestro cómo la dislexia afecta todos los aspectos de la vida de un niño, describo los síntomas y detallo la ayuda práctica que pueden proporcionar los padres y los maestros. Más adelante, explico los exámenes de diagnóstico que tal vez apliquen a su hijo, muestro lo exitosa que es la enseñanza especializada, ofrezco sugerencias para que estudiantes y adultos sobrelleven su dislexia y, por último, analizo las teorías más recientes sobre las causas de esta enfermedad. Pero antes que todo, desde luego, necesitamos saber con exactitud qué es la dislexia, por lo que comenzaré con esta pregunta.

Capítulo 1
¿QUÉ ES LA DISLEXIA?

La palabra *dislexia* viene del griego y significa "dificultad con las palabras o el lenguaje". Tal vez la definición actual más simple de ésta es: la dificultad en el aprendizaje de la lectura y escritura, sobre todo, para escribir de manera correcta y expresar pensamientos por escrito, lo cual afecta a quienes han tenido un desarrollo escolar normal y que no muestran retrasos en otros aspectos.

Esta definición es útil ya que describe lo que todos los disléxicos tienen en común, pero no cuenta toda la historia. A pesar de que la dislexia se concibe en términos de la llamada "ceguera de palabras", existen muchos otros problemas, menos conocidos, que podrían estar asociados con esta condición. Por ejemplo un niño disléxico puede tener dificultades al diferenciar la izquierda de la derecha, en aprender a decir la hora, en atarse los cordones de los zapatos, en seguir instrucciones, o bien, puede confundir sonidos como /r/ y /d/ en palabras como "favor." Hay muchas otras posibles dificultades que describo con mayor detalle en el capítulo 3.

El hecho de que la dislexia se manifieste de diferentes maneras y sea resultado de diferentes causas ha generado desacuerdos entre algunos médicos, psicólogos, maestros e instituciones educativas. Encontrará personas escépticas que digan que, ya que los síntomas son tan diversos y no siempre se manifiestan al mismo tiempo en una persona, no puede haber una condición única llamada dislexia. Esta confusión se debe a que ésta es una sombrilla general que cubre una amplia variedad de síntomas relacionados entre sí. Nadie puede discutir que el hecho de que aun cuando hay muchas variedades de rosas, cada una con

15

su color, forma, tamaño y olor característico, podemos llamarle rosa a todos estos tipos diferentes de especímenes. Así sucede con la dislexia: un niño disléxico puede tener un conjunto diferente de características disléxicas que otro, pero comparte con todos los disléxicos la dificultad específica para aprender a leer y escribir de modo correcto.

Sospecho que muchos de los que afirman que la dislexia no existe, nunca han tenido contacto cercano con un disléxico. Y estoy segura de que muchos padres y maestros que sí han tenido esta experiencia estarán de acuerdo en que, una vez conocida, nunca se olvida. A pesar de los incrédulos, los educadores y los médicos en general coinciden en afirmar la existencia de tal condición y, para confirmar esto, actualmente existen legislaciones en varios países de Occidente, entre ellos Estados Unidos y Gran Bretaña, para que las personas a quienes se califica como disléxicos reciban un tratamiento adecuado.

¿La dislexia se relaciona con la inteligencia?

Tendrá una idea más completa de la dislexia a medida que lea este libro, pero es muy importante aclarar desde el principio que la dislexia no es el resultado de un bajo nivel de inteligencia, aunque es posible que algunas personas con un bajo nivel de inteligencia sean también disléxicos.

La desafortunada situación que han enfrentado los disléxicos se debe a que la aptitud para leer, escribir y deletrear normalmente se relaciona con el nivel de inteligencia. En general, es cierto que la relación entre la inteligencia y la aptitud para leer es muy fuerte, pero no en todos los casos. Mucha gente saca esta conclusión con los disléxicos. He escuchado a la madre de un niño disléxico decir: "Oh no, mi hija no tiene problemas, siempre ha sido muy inteligente", afirmando de esta forma que su hija no lo es.

La prueba de que la dislexia no se relaciona con la inteligencia es que un niño con coeficiente intelectual de 150, lo cual es un nivel muy alto, puede tener dificultades para adquirir habilidades del lenguaje. De hecho, la característica más distintiva de la dislexia es que la lectura y la escritura del niño no reflejan toda su capacidad intelectual, en el nivel en que se encuentre. Los niños retrasados por lo general tienen problemas en todas las áreas de desarrollo: tanto en su capacidad para caminar y hablar, como en la de resolver los problemas cotidianos, así como en lectura y escritura, mientras que el niño disléxico es más brillante de lo que sugiere su trabajo escrito. Desde luego que muchos de los disléxicos que fueron atendidos en nuestra clínica del hospital St. Bartolomew en Londres, tenían un nivel de inteligencia superior al promedio. Aunque su mayor frustración era la dificultad para leer y escribir, su agilidad mental les permitía responder favorablemente al tratamiento de recuperación.

Disléxicos famosos

El mito de que los disléxicos son tontos se elimina con eficacia al mencionar a los disléxicos más famosos de la historia, todos ellos, hombres de habilidades e intelecto excepcionales. Espero que esto le resulte reconfortante si su hijo ha sido diagnosticado recientemente.

Albert Einstein (1879-1955), el gran científico, es el nombre que comúnmente asociamos con genio. No empezó a leer sino hasta los nueve años, pero a la edad de doce era un brillante matemático y físico, a pesar de no tener ningún don para el lenguaje. Falló en su primer intento de entrar a la universidad, y dos años después de la graduación perdió dos trabajos como maestro por sus dificultades con la dislexia.

Leonardo Da Vinci (1452-1519), el renombrado artista florentino, arquitecto, ingeniero y científico, sin duda era disléxico. En sus cuadernos, que se exhiben en el Museo Británico de Londres, se observan ejemplos de su escritura reflejada.

Thomas Alva Edison (1847-1931), el inventor norteamericano del teléfono, el micrófono, el fonógrafo y la bombilla eléc-

Un ejemplo de la escritura reflejada de Leonardo Da Vinci. Fragmento de sus notas acerca de la fuerza de la naturaleza.

trica, entre otras cosas, era considerado un tonto en la escuela. Nunca aprendió el alfabeto o las tablas aritméticas, y su ortografía y gramática fueron deplorables toda su vida. Aquí está un ejemplo de su escritura a la edad de diecinueve años:

Querida madre —he estado encerrado varias semanas he crecido miucho no me beo mucho como niño como estan todos reciviste una caja de Libros Memphis que prometio mandarlos lenguajes— tu hijo Al

Hans Christian Andersen (1805-1875), el autor danés de muchos cuentos clásicos de hadas como "El patito feo" y "La reina de las nieves", era disléxico. Esto lo descubrieron hace poco tiempo, relativamente, unos expertos que analizaron sus manuscritos.

Auguste Rodin (1840-1917), el famoso escultor francés, autor de "El pensador", era, de acuerdo con evidencias biográficas, el peor alumno de la escuela. Su padre dijo en una ocasión: "Tengo un idiota por hijo", y su tío indicó que no era apto para recibir educación. Rodin recibió un doctorado honorario por la Universidad de Oxford cuando tenía sesenta y siete años de edad, a pesar de que la ortografía y la aritmética siempre se le dificultaron.

Woodrow Wilson (1856-1924), presidente de Estados Unidos en la época de la Primera Guerra Mundial, no aprendió las letras sino hasta la edad de nueve años y no pudo leer antes de los once. Se pensaba que era tonto en la escuela, pero desarrolló una magnífica capacidad para debatir, al grado que nunca necesitaba notas.

General George Patton (1885-1945), comandante del Tercer ejército norteamericano en Europa occidental al final de la Segunda Guerra Mundial, tenía una fantástica memoria verbal, pero no podía leer bien y necesitaba que alguien escribiera sus respuestas por él.

Harvey Cushing (1869-1939), el eminente especialista norteamericano en cirugía cerebral, que estudió en las universidades de Harvard y Yale a pesar de su pésima ortografía: "privilejio", "definado", "sacarificio", etcétera. Este problema no evitó que escribiera muchos libros, incluyendo *La vida de sir William Osler*, que le hizo ganar el prestigiado premio Pullitzer de literatura en 1925.

Además de demostrar que los disléxicos no tienen menos inteligencia, y que a menudo tienen habilidades e ideas excepcionales que otras personas no llegan a tener, esta lista de disléxicos ilustres convencerá a los más resistentes escépticos de que la dislexia existe. ¿De qué otra manera se explica que estas personas inteligentes eran incapaces de leer y escribir de modo adecuado?

¿Quién padece dislexia?

Debido a que los expertos todavía están en desacuerdo acerca de la definición de la dislexia, no ha sido posible establecer un cálculo preciso del número de personas que son disléxicas. Sin embargo, pienso que es más seguro afirmar que hay ciertas formas y grados de dislexia reconocibles y presentes en diez por ciento de los niños de la población en Occidente, y aun cuando puede ser un cálculo conservador. Esto significa que alrededor de 1.75 millones de niños en Gran Bretaña y casi seis millones de niños en Estados Unidos tienen dificultades con el lenguaje pero sólo dos por ciento de esta cantidad puede considerarse dislexia grave. De cualquier modo, tenemos datos que demuestran cómo en las escuelas públicas de Estados Unidos, por cada grupo de cuarenta niños, cuatro tienen dificultades para aprender a leer. Algunos presentan problemas tempranos que parecen superarse después, y otros tienen problemas continuos. Sin embargo, los niños cuyos problemas con la lectura parecen superados necesitan seguir bajo supervisión, ya que podrían ser los llamados "disléxicos ocultos", cuyas dificultades de lenguaje no son bastante evidentes como para reconocer su problema.

Notará que a lo largo del libro, digo *él* cuando me refiero a un disléxico. Esto es porque hay más niños disléxicos que niñas; los cálculos varían: cuatro niños disléxicos por una niña disléxica, hasta siete niños por cada niña con este problema. Se considera que esta diferencia se debe a un área del lenguaje en el cerebro (consulte el capítulo 9) más desarrollada en las niñas que en los niños; esto se puede apreciar en los preadolescentes hasta que alcanzan la pubertad. Parece que esto otorga una ventaja a las niñas al adquirir habilidades lingüísticas durante sus años formativos.

¿La dislexia se relaciona con el medio social?

A pesar de que se desconoce el número exacto de disléxicos, hay estadísticas que muestran que las discapacidades de todo tipo, incluyendo desórdenes del aprendizaje como la dislexia, son más comunes en áreas urbanas muy pobladas, sobre todo en los distritos menos privilegiados, que en los sectores más ricos de la sociedad. Esto también se ha comprobado en distritos rurales aislados, donde las expectativas de desarrollo de las habilidades lingüísticas no son tan altas como en otros sectores de la comunidad.

Una encuesta británica realizada por el profesor Michael Rutter y sus colegas en Isle of Wight, un distrito rural relativamente acomodado, encontró que un niño de cada diez tiene alguna dificultad de aprendizaje de uno u otro tipo. En un estudio posterior que efectuó en el centro de Londres, este por-

Al menos un niño de cada diez puede ser disléxico en cierto grado.

centaje aumentó a uno de cada seis. El profesor Rutter descubrió que cinco por ciento de los niños de Isle of Wight que participaran en el estudio estaba retrasado por un año en lectura, y dos por ciento tenía un rezago de dos años o más por debajo de su edad y sus expectativas intelectuales. En los distritos del centro de Londres estas cantidades fueron mucho más altas: hasta de diez por ciento.

En las comunidades urbanas pobres hay un gran número de factores que dificultan el aprendizaje: grupos de inmigrantes que desconocen el idioma, familias numerosas que habitan viviendas poco adecuadas, contaminación ambiental, trastornos del sueño, salud débil y, probablemente poco interés en la lectura y en el estudio. A esto podemos agregar el hecho de que, en promedio, hay 1.2 libros por casa y que muchos padres no consideran que las habilidades lingüísticas sean importantes. Por eso no procuran, o no pueden, leerles a sus hijos, de modo que no es sorpresivo que sea tan alto el porcentaje de niños disléxicos entre los sectores menos privilegiados de la sociedad.

Adultos

No sólo los niños en edad escolar tienen problemas con la lectura y la escritura. En Gran Bretaña aproximadamente tres millones de personas mayores en edad escolar, es decir, más de seis por ciento de la población total, tienen un nivel de lectura inferior a los nueve años de edad. Un millón de ellas son totalmente analfabetas e incapaces de hacer uso práctico de la lectura o la escritura en la vida diaria. Los otros dos millones de adultos afectados, aunque son capaces de entender un párrafo simple de un periódico, no están lo bastante alfabetizados como para comprender los folletos más básicos de información pública, como los mapas del metro.

En Estados Unidos, el informe de una comisión educativa estableció que el número de adultos analfabetas es de 23 millones. Por ejemplo, indica que una cuarta parte de los hombres que ingresan a la marina no son capaces de leer las instrucciones básicas de seguridad.

En el mundo desarrollado, la capacidad de leer y escribir no sólo se considera esencial —sin ella, una persona estaría limitada en una sociedad que en gran medida se guía por la palabra escrita— sino que además, se da por hecho. Por lo general, hasta hace poco se suponía que proporcionar educación universal gratuita garantizaría que todos los niños en la escuela pudieran adquirir la capacidad mínima para leer y escribir. No fue sino hasta finales de los años setenta cuando se tomó conciencia de que un gran número de personas dejaban la escuela prácticamente analfabetas o semianalfabetas.

No se sabe cuántas de esas personas eran en realidad disléxicos porque sus casos no se investigaron de manera sistemática. Es probable que algunas estuvieran debajo del promedio en habilidad mental, mientras que otras no pudieron asistir a la escuela por enfermedad o vagancia. Estas personas no se considerarían disléxicas de acuerdo con la definición que proporcioné al inicio de este capítulo. Sin embargo, es razonable suponer que, aunque casi todas tienen un conocimiento verbal adecuado del lenguaje que se espera que lean y escriban, han recibido una enseñanza adecuada en la escuela y no sufren de ninguna discapacidad física o mental que pudiera dificultar el aprendizaje o algo parecido, es muy probable que sean disléxicas.

La vergüenza y frustración que sienten muchos adultos que no han aprendido a leer y escribir, pueden llevarlos a sufrir ansiedad o depresión persistentes; éstas pueden ser tan graves que requieran la asistencia de un médico. Sin embargo, la dislexia ya no es algo de lo que los adultos deban avergonzarse. En mi práctica he conocido a muchos padres y algunas madres que admitieron tener dificultades disléxicas, todos con ocupaciones diversas: desde constructores, plomeros, matemáticos, ingenieros y electricistas, hasta miembros de la aristocracia británica, abogados, arquitectos, médicos, cirujanos y maestros. Como explico en el capítulo 8, un adulto puede tomar muchas medidas para sobreponerse a los problemas que causa la dislexia.

¿Cuál es la causa de la dislexia?

Por lo que sabemos, no hay una causa única de los problemas de aprendizaje. Sin embargo, se sospecha que las células del cerebro de un disléxico pueden estar organizadas de un modo diferente a las de los cerebros de las personas que no tienen dificultades para leer o escribir; esa estructura inusual de células afecta en diferente grado el funcionamiento normal de un área u otra del cerebro. En el capítulo 9 explico con exactitud qué afecta el cerebro de un disléxico. En este momento, basta decir que la raíz del problema es una conexión ineficiente entre los hemisferios izquierdo y derecho del cerebro. Tal vez lo anterior suene alarmante si se establece en esos términos médicos, pero para ponerlo en perspectiva, recuerde que hablo de sutiles variaciones en la organización de las células, no de anormalidades graves del cerebro que podrían provocar condiciones mucho más serias que la dislexia.

¿Es hereditaria?

En un pequeño porcentaje de los casos, las dificultades de aprendizaje en niños de inteligencia normal o superior son el resultado de daños físicos mínimos al cerebro, incluyendo los que ocurren antes o poco después del nacimiento, los que son causados por enfermedades (como las convulsiones), o accidentes ocurridos en cualquier momento de la vida. La presencia del daño es difícil de probar, ya que es tan sutil que, por lo general, no aparece en los exámenes neurológicos, pero normalmente, este tipo de lesiones afecta más a la coordinación física del niño. Por suerte, en estos casos, los niños mejoran por sí solos si la falta de destreza no es muy pronunciada.

Por otra parte, cada vez se acumulan más evidencias de que la tendencia a la dislexia es hereditaria. Desde luego, 88% de los niños que acudían a nuestra clínica en Londres tenía una historia familiar positiva en dislexia, y a menudo había un registro de más de un niño afectado en la misma familia. El capítulo 4 contiene algunos consejos para futuras madres que padecen dislexia o tienen algún familiar de parentesco directo con este trastorno, con el fin de reducir el riesgo de que sus hijos sean disléxicos.

Factores agravantes

Escolaridad pobre
Los cambios constantes de escuelas, sobre todo si esto implica cambios drásticos de métodos de enseñanza, pueden retardar la aptitud del niño para adquirir habilidades básicas en lectura, escritura y aritmética.

La escuela y los maestros son elementos importantes en la vida del niño en la medida en que con él sean compatibles, sobre todo en los primeros años. Es poco probable que una escuela sea adecuada si mantiene a los padres a distancia y no motiva su participación. La actitud del maestro principal o del director es también un factor muy importante en la manera en que funciona una escuela. Los directores empáticos atraen maestros empáticos; sin duda, los niños pueden desarrollarse de forma adecuada en este tipo de atmósfera estimulante. Desde luego, si la estructura de la escuela no coincide con un niño en particular, o el niño y el maestro no se llevan bien, el niño no aprenderá nada, a menos que cambie la situación.

En los programas de educación abierta, donde los niños no se sientan en pupitres ordenados en fila, sino que realizan diferentes tareas en mesas pequeñas distribuidas por todo el salón, las clases pueden ser más divertidas y muy adecuadas para algunos niños. Pero el niño disléxico, que tiene mayores dificultades de concentración, se encontrará perdido, ya que necesita un sistema más estructurado de instrucción; en este caso un cambio de ambiente puede ser lo único que se necesita. Asimismo, si un niño no progresa con el nuevo método de leer toda la palabra, el método llamado "mira y habla", podría resultar más adecuado si aprende a través del modo tradicional, es decir empleando el sonido separado de cada letra, como guía (consulte el capítulo 5).

Salud débil

El niño con problemas de salud frecuentes, y que nunca se siente bien, tendrá dificultades para concentrarse o aprender en la escuela. Las causas comunes de enfermedad continua son infecciones del sistema respiratorio, como bronquitis o resfriados comunes, los cuales provocan nariz congestionada, dolores de cabeza, garganta irritada y congestión del oído medio. Todo lo anterior puede provocar problemas de pérdida intermitente de la capacidad auditiva debido a la congestión, y por consiguiente, es muy probable también que afecte el progreso escolar satisfactorio.

El estado general de salud de un niño siempre debe tomarse en cuenta al supervisar sus logros escolares. Si no es bueno, es obvio que los padres deben solicitar la ayuda constante del médico familiar para intentar que el niño sane y aproveche la enseñanza que le ayude a sobreponerse a la dislexia.

¿La dislexia se cura?

Hasta la fecha, no existe una cura para la dislexia, pero no es necesario vivir preocupado si su hijo es disléxico pues existen métodos comprobados de enseñanza que ayudan a superar en gran medida este padecimiento, en la mayoría de los casos. Como explico en los capítulos 4, 5 y 6, hay muchas otras maneras en que maestros, psicólogos, terapeutas del lenguaje, médicos familiares y desde luego, los padres, pueden ayudar a un disléxico; pero también hay muchas cosas que el adolescente o el adulto disléxicos pueden hacer para ayudarse a sí mismos (consulte el capítulo 8). Sin embargo, antes de examinar estas técnicas profesionales y de autoayuda para sobreponerse a la dislexia, debemos repasar los numerosos problemas comunes que tienen los disléxicos, sus padres y maestros, y cómo se pueden evitar.

Capítulo 2
PORMENORES DE LA DISLEXIA

A pesar de los brillantes prospectos de vida normal que la enseñanza moderna y otros métodos de recuperación ofrecen a los disléxicos, no se puede negar que, en la realidad, los disléxicos, sus familias y maestros por lo general enfrentan serios problemas, muchos de los cuales, en mi opinión se basan en una falta de comprensión.

Esta falta de comprensión comienza con el niño mismo, que no entiende por qué otros niños, a menudo menos inteligentes que él, son capaces de adquirir habilidades de lectura, escritura, ortografía y tal vez aritmética, que él encuentra muy difíciles o incluso, incomprensibles por completo. Puede reaccionar a sus fallas con cambios bruscos de temperamento, padecimientos psicosomáticos, como dolores de cabeza o malestar estomacal, con mojar la cama o golpearse a sí mismo, todo lo cual puede alarmar a los padres y al médico de la familia. También puede desafiar a los profesores con mal comportamiento en clase, conducta agresiva hacia sus compañeros o actuar como un holgazán.

Por supuesto, a menudo los padres no comprenden por qué su hijo puede ir mal en la escuela, cuando parece ser brillante en todo lo demás. Se comienzan a preguntar si en verdad el niño es tan tonto o perezoso como sugieren sus maestros, y se exasperan por su voluble e inexplicable comportamiento.

Los maestros pueden sentirse totalmente derrotados por el niño que no responde a los métodos de enseñanza que funcionan muy bien con los demás alumnos, sobre todo si no hay ninguna razón obvia de su falta de progreso. Por desgracia, algunas veces se refugian en culpar al niño o a los padres, lo cual sólo aumenta la tensión existente y las presiones para todos los implicados.

Tal vez la mejor manera para comprender cómo surgen éste y otros problemas, lo que provocan y cómo se previenen o sobrellevan, es leer la historia de un niño disléxico atendido en nuestra clínica de dislexia. Su caso es típico, aunque probablemente para algunos maestros de preadolescentes o de escuela elemental o familias con un niño disléxico no sea un reflejo de su propia experiencia.

La historia de Billy

Las señales

Billy, de ocho años de edad, asistía a una escuela estatal en Londres. Janet, su nueva maestra de inglés, nunca había enfrentado nada tan imposible de descifrar como los trazos de la tarea de Billy. Podría haber sido griego o chino, porque no tenía ningún sentido. Y no sólo eso: era un verdadero caos. Las letras, si se podían llamar así, estaban encimadas unas con otras y en desorden, había apenas una palabra difícilmente reconocible entre ellas, y las páginas estaban llenas de tachaduras y borrones.

Janet no estaba segura si los borrones se debían a que Billy era zurdo y, por lo tanto, pasaba la mano por donde acababa de escribir, o a que su mano había estado sudorosa por el esfuerzo de escribir, ya que presionaba tanto la pluma sobre el papel, que las marcas eran visibles en las páginas subsecuentes; o tal vez, eran lágrimas de frustración que Billy había limpiado con su puño manchado en las páginas.

Había observado que la cara de Billy también estaba manchada y su apariencia era descuidada. Sus ropas no estaban sucias, pero parecían fuera de lugar todo el tiempo: botones en los ojales incorrectos, corbata desanudada, agujetas desatadas, calcetines arrugados en el tobillo, camisa fuera del pantalón en la espalda. Parecía que le habían puesto la ropa encima, en vez de haberlo vestido.

Cuando había trabajo escrito en clase, Billy masticaba la pluma y miraba su cuaderno con una expresión de perpleja incomprensión en el rostro. Y cuando el grupo realizaba ejercicios de lectura, su mirada vagaba entre el pasto y los árboles que estaban fuera del salón de clases.

Él era el único de su clase con ese tipo de problemas en lectura y escritura. Incluso su aritmética escrita era pobre, aunque era muy rápido al resolver preguntas aritméticas de cálculo mental. Desde luego, no era retrasado, porque hablaba como adulto y sorprendía a los maestros con sus respuestas.

Cuando Janet intentó motivarlo a mejorar su desempeño, su respuesta fue muy elocuente: "Lo intento, pero nunca sale bien. Sé lo que quiero decir, pero no sé cómo escribirlo; las palabras no salen bien de mi cerebro a mi mano". Esto la decidió a hacerle un dictado para comprobarlo por sí misma, y era verdad: él no tenía idea de cómo poner las palabras en papel. Su mano comenzó a sudar y sus ojos se llenaron de lágrimas. Tan pronto le permitió reunirse con sus amigos en el patio de recreo, Janet fue a hablar con el director para ver si estaba de acuerdo en que Billy era disléxico.

El retraso

Cuando ella le explicó el problema al director, él revisó el libro de ejercicios de Billy, preguntó su edad, y dijo que, como era tan joven, deberían esperar un poco antes de pensar en enviarlo con un psicólogo educativo, dado que su nivel de lectura y escritura podrían mejorar a medida que creciera. Janet era nueva en la escuela, por lo que no discutió la decisión del director y tuvo que aceptar su respuesta como la mejor solución.

Poco después, Janet se reunió con los padres de Billy, propietarios de una tienda local de comestibles, el negocio familiar, e intentó tolerar su mal disimulada hostilidad cuando sugirió que debían investigar la falta de progreso de Billy y les recomendó algunas medidas. Un poco más receptivos al notar el obvio interés de la maestra por Billy, continuaron sintiéndose ansiosos y poco convencidos. La madre le preguntó a Janet si pensaba que

Billy sólo era estúpido y perezoso, y si realmente podría leer y escribir si lo intentaba. Janet aseguró que ella no creía eso, sino que parecía que la lectura no tenía todavía sentido para él. Les dijo que se estaba haciendo todo lo posible, y que las cosas mejorarían con el tiempo. El padre de Billy seguía consternado porque la falta de habilidades de lectura y escritura de su hijo podrían perjudicar sus oportunidades de ingresar a la secundaria, donde Billy tendría que acudir en un par de años.

El deterioro

Los temores de los padres de Billy eran justificados. Después de seis meses, su trabajo escrito seguía siendo indescifrable, y su comprensión de lectura prácticamente era nula, con excepción de unas pocas palabras que Billy reconocía de vista. El director cumplió su promesa y arregló una cita para que Billy visitara al psicólogo educativo. Pero, debido a que trabajaba en un área muy ocupada del sistema público de educación, pasaron varios meses antes de poder establecer la cita. Para entonces, el comportamiento de Billy había empeorado. Era casi incontrolable en el salón, interrumpía la clase con tonterías y distraía a quienes querían trabajar. No se quedaba quieto ni se sentaba, y aprovechaba cualquier oportunidad para molestar y golpear a los otros niños. Casi al mismo tiempo comenzó a sobornar con barras de chocolate y juguetes a otros chicos poco disciplinados a quienes pensó poner de su lado. Para obtener estos sobornos, comenzó a robar dinero del bolso de su madre.

Un diagnóstico equivocado

Para cuando Billy asistió a su primera entrevista con el psicólogo educativo, su mala conducta en casa y en la escuela encubrieron sus dificultades con la lectura y escritura, así que se le puso poca atención a su falta de habilidad para leer y escribir.

De cualquier modo, sólo se investigó su nivel de lectura, y como podía leer algunas palabras y tenía un nivel de lectura de siete años (Billy ya tenía casi diez años), el psicólogo diagnosticó que la raíz del problema era inestabilidad emocional.

Se les pidió a los padres acudir a psicoterapia, y Billy fue enviado a una escuela para inadaptados. Por desgracia, este fue el peor lugar para él, ya que su mal comportamiento no era resultado de una perturbación emocional, sino una reacción a su discapacidad para leer o escribir de manera satisfactoria, a pesar de sus esfuerzos iniciales de lograrlo.

En el ambiente inadecuado de su nueva escuela, el comportamiento de Billy empeoró cada vez más, al grado de atemorizar seriamente a sus padres. Su agresividad se hacía evidente de muchas maneras, pero era más alarmante hacia su hermana menor quien, a la edad de cuatro años, ya comenzaba a leer bien.

Tratamiento en una clínica de dislexia

En vista de que Billy continuaba sin aprender nada en la escuela para inadaptados, sus padres decidieron tomar las riendas del asunto y lo enviaron de nuevo a una escuela para chicos normales. Habían visto recientemente por televisión un documental sobre nuestra clínica en el hospital St. Bartolomew, en Londres, y convencieron a su médico familiar de remitir a Billy a la clínica, pues había empezado a desarrollar fobia al colegio y mojaba la cama. El médico aceptó la idea de que Billy podría ser disléxico, sin estar convencido del todo. Sin embargo, se estableció una cita de valoración con nosotros, cuando Billy tenía diez años y medio.

Detectamos que Billy tenía una inteligencia bastante más alta que el promedio, pero tenía un retraso de tres años en lectura, y de cuatro años y medio en ortografía. Exámenes subsecuentes revelaron que tenía problemas al diferenciar el sonido de ciertas palabras (como "bueno" y "vuelo", por ejemplo). Tenía dificultades para repetir o recitar secuencias de números, meses del año y tablas de multiplicar. Y, desde luego, también cometía los típicos errores disléxicos (vea el cuadro siguiente) al leer y escribir. No dudamos en diagnosticarlo como disléxico y le ofrecimos asesoría de recuperación en la clínica, con sesiones semanales y tareas para realizar en casa, supervisado por sus padres.

El efecto inmediato en Billy durante su primera visita a la clínica fue electrizante. Hubo una dramática liberación de tensión cuando los padres y el niño se dieron cuenta de lo que estaba mal y de que se haría algo concreto y positivo al respecto. También hubo alivio en la nueva escuela, ya que el bajo nivel de lectura y escritura de Billy ya no podía atribuirse a mala enseñanza. Ahora que su problema se había identificado correctamente, la escuela pudo ofrecer motivación y apoyo activo al programa terapéutico para la dislexia de Billy.

Sin embargo, el camino hacia la recuperación era largo, lento y exigente. A pesar de que la luz había aparecido al final del túnel, se requirieron tres años de trabajo intenso para que Billy pudiera leer con razonable fluidez, y otros dos para que pudiera escribir con confianza y elaborar un ensayo aceptable que reflejara realmente la capacidad de su intelecto y conocimientos. A pesar de que aprobó los exámenes necesarios para hacer una carrera universitaria, siguió leyendo con lentitud, redactando con inseguridad, y probablemente que siempre tendrá una carga sobre sus hombros.

Su éxito y sus problemas se resumen en el reporte final que hizo su maestro: "Billy lo ha hecho admirablemente bien y debe estar orgulloso de sí mismo, como nosotros. Sin embargo, tendrá que aprender a no sentirse confrontado si a causa de su discapacidad, otras personas no siempre aprecian que es una persona de buen carácter e inteligente."

Lecciones para aprender

La historia de Billy es típica de muchos disléxicos y proporciona un panorama general de lo que implica la dislexia. Como mencioné al inicio del capítulo anterior, no es sólo "ceguera de palabras", sino que tiene implicaciones educativas, psicológicas, sociales y médicas mucho más profundas, que afectan todos los aspectos de la personalidad y el desarrollo de una persona.

Por suerte, el futuro de los disléxicos mejora día con día. El conocimiento público y profesional acerca de la dislexia ha aumentado, la ayuda experta está disponible ahora más que nunca y, como resultado, son cada vez menos los casos como el de Billy. Sin embargo, todavía se cometen errores y muchos disléxicos siguen sufriendo molestias innecesarias como resultado de la falta de comprensión de padres, maestros y otros profesionales. Entonces, ¿qué se puede aprender de la historia de Billy?

1. Estoy convencida de que si su problema hubiera sido detectado en los primeros años, su lectura y escritura hubieran mejorado a un nivel cercano a lo normal. Él no se hubiera descontrolado tanto y no hubiera necesitado tanto tiempo para readaptarse. Su vida escolar y familiar hubieran sido más felices y estables, y su futuro, más seguro.

2. Después de esto, es crucial que tanto los padres como los maestros estén alertas a cualquier signo que indique que un chico es disléxico. Describiré esos signos en detalle en el capítulo siguiente.

3. Una vez que los padres o los maestros sospechan que hay dislexia, deben hacer lo necesario para asegurarse de que el niño sea revisado por un psicólogo educativo, un consejero escolar, un consultor, el médico familiar o un profesional recomendado por la asociación local de dislexia. Como hemos visto en el caso de Billy, un retraso puede conducir a un diagnóstico o una terapia erróneos, o en el mejor de los casos, a dificultar un tratamiento exitoso.

Una advertencia: Como mencioné antes, su psicólogo, consejero o médico podría ser incapaz de reconocer que la dislexia es un problema en sí mismo. Como verá a lo largo de este libro, el desarrollo de la investigación actual demuestra que es una condición especial con sus propias causas, síntomas y tratamiento, así que no permita que los escépticos lo desalienten. Siga buscando hasta encontrar alguien que reconozca la dislexia como condición y que desee ayudar a su hijo en el camino correcto a la recuperación.

4. Por último, asegúrese de que el niño reciba enseñanza especializada en dislexia además de su enseñanza escolar normal (consulte el capítulo 7), y que sus maestros regulares complementen y apoyen este trabajo adicional en las clases (consulte el capítulo 5).

Entonces, el primer paso y más importante es reconocer, tan pronto como sea posible, los síntomas que podrían indicar que su hijo es disléxico. Identificaremos estos síntomas en el siguiente capítulo.

Capítulo 3
CÓMO SABER SI UN NIÑO ES DISLÉXICO

Para quienes no son especialistas, identificar a un chico disléxico no es tan difícil como podría parecer. Así como cada persona es diferente, no se puede decir que dos disléxicos sean iguales. Como expliqué en el capítulo 1, la dislexia se manifiesta a través de una gran variedad de maneras confusas. El objetivo de este capítulo es proporcionar una guía de los diversos indicadores que podrían implicar que su hijo es disléxico, así como algunos signos que generalmente se cree que indican dislexia pero que, de hecho, no lo son.

En la siguiente sección, todos los indicadores, excepto el primero, *tal vez* lo sean. A pesar de que con mucha frecuencia aparecen en niños disléxicos, no necesariamente están presentes en todos los disléxicos. Estos indicadores también se encuentran en personas que no tienen problemas de lectura o escritura. Tome en cuenta que los signos de retraso en el desarrollo, como caminar o hablar de manera tardía, también son evidentes en un niño que tiene cierto retraso en general. Sólo el primero de los indicadores, es decir, un nivel de habilidades de lectura y escritura inferior a la edad del niño, es forzoso. Aún así, si no existe ninguno de los otros síntomas complementarios, puede haber otras razones del bajo aprovechamiento de su hijo. Sólo cuando las dificultades de lectura y escritura se relacionan con uno o más de los indicadores listados, es posible diagnosticar dislexia. El número de síntomas y el tiempo en el que ocurren nos dan una idea de qué tan grave puede ser la dislexia de su hijo y permiten calcular el tiempo que tomará la recuperación con la ayuda adecuada.

Indicadores de dislexia

Él parece mucho más brillante de lo que sugieren su lectura y escritura. La inteligencia se manifiesta de varias maneras, no sólo cuando el niño está alerta al sostener una conversación con él:

- Usted puede detectar si el niño piensa con profundidad acerca de las cosas que suceden alrededor y hace preguntas sensibles, con ánimo de investigar.
- Puede mostrar un buen desarrollo social ante ciertas conductas, como tomar o no los juguetes de otro niño.
- Puede resolver con rapidez los problemas cotidianos. Por ejemplo, un niño inteligente de dos años que ha subido por las escaleras una o dos veces llevando sólo dos ladrillos de juguete a la vez, puede decidir que es demasiado laborioso y conseguirá una bolsa en la cocina para llevar la mayor cantidad posible de ladrillos.
- Puede ser muy bueno al armar modelos con juguetes de construcción, aunque no sepa leer las instrucciones.
- Todos estos signos de inteligencia normalmente se observan desde que el niño tiene menos de dos años, pero son más evidentes a la edad de cinco.

Una vez que el niño disléxico acude a la escuela, su inteligencia es más evidente en sus habilidades verbales que en las escritas. En promedio, los niños disléxicos están de uno a dos años y medio por debajo de la edad de lectura adecuada para su coeficiente intelectual (consulte el diagrama siguiente). Sin embargo, en el desorden del salón, puede ser difícil para el maestro detectar la diferencia entre el niño brillante que falla en su aprovechamiento escolar por tener dificultades con el lenguaje escrito y la aritmética, y el niño que es simplemente perezoso, tonto o a quien no le interesa el aprendizaje.

Cabe señalar que casi todos los niños, por naturaleza, llevan inicialmente una vida escolar provechosa, por lo que usted puede sospechar la presencia de dislexia en cualquier niño que

Pronóstico de edad de lectura para niños no disléxicos

Utilizando este cuadro, usted puede determinar la edad aproximada de lectura de un niño no disléxico con base en su coeficiente intelectual (CI). Por ejemplo, un niño de ocho años que no es disléxico y tiene un coeficiente intelectual de 105, puede tener una edad de lectura de nueve años. Si la edad de lectura de su hijo es inferior a la esperada, de acuerdo con su coeficiente intelectual, podría ser disléxico, con base en este cuadro. En promedio, los disléxicos están de uno a dos años y medio por debajo de su nivel de lectura esperado. Es importante destacar que un niño de cinco años y medio sólo puede estar seis meses por debajo del rango de lectura o escritura, ya que los exámenes no comienzan antes de los cinco años.

Edad de lectura esperada de un niño no disléxico, en relación con su edad cronológica

5 años	-4 años	-3 años	-2 años	-1 años	+1 años	+2 años	+3 años	+4 años
50	60	70	80	90	100	110	120	130
								CI

Debajo del promedio	Promedio	Arriba del promedio

no avanza con regularidad, así que debe buscar ayuda experta lo más pronto posible. Debemos recordar que un niño de cinco años y medio no puede tener un retraso en lectura mayor a seis meses, aunque de hecho, todavía no pueda leer, ya que los exámenes de lectura comienzan en el nivel de los cinco años.

Las siguientes dos listas muestran típicos errores disléxicos en lectura y escritura. Desde luego, los niños en su primer año escolar pueden cometer muchos de ellos. Los disléxicos, sin embargo, los siguen cometiendo en el segundo año y los subsecuentes, a pesar de que los demás niños ya los han superado.

Típicos errores disléxicos en lectura

1. Inventa una historia basada en las ilustraciones de un libro que no guarda relación alguna con el texto. Los niños brillantes a menudo hacen esto en lugar de admitir que no pueden leer.
2. Lee con lentitud y titubeos.
3. Sigue el texto con el dedo.
4. Constantemente pierde el punto de lectura, ya sea al pasar por alto párrafos completos o al leer dos veces el mismo pasaje.
5. Titubea al leer en voz alta, palabra por palabra, con ligeros cambios de entonación, como una voz computarizada.
6. Puede intentar emitir el sonido individual de las letras pero no puede sintetizar los sonidos en la palabra correcta. Por ejemplo, puede emitir los sonidos c/a/s/a y después decir *cosa*, o r/a/n/a y decir *rama*.
7. No pronuncia las palabras de manera correcta, aunque sean comunes en su vocabulario y las pueda decir sin ningún problema: *cueso* por *queso* o *caro* por *carro*.
8. Acentúa la palabra en la sílaba incorrecta; un error común es que pronuncia *heroíco* en lugar de *heroico*.
9. Lee sólo en tiempo presente, aunque el texto esté escrito en pasado. Por ejemplo, los versos "Una tarde la princesa

vio una estrella aparecer, la princesa era traviesa y la quiso ir a recoger", puede leerlos así: "Una tarde la princesa ve una estrella aparecer, la princesa es traviesa y la quiere ir a recoger."

10. Adivina las palabras, sin importar si tienen sentido con el resto del texto o no: *robar* por *rondar* o *príncipe* por *principio*.

11. Lee las palabras al revés: *al* por *la*, *le* por *el*.

12. Acomoda las letras en desorden, y lee *sano* por *asno*, *reversa* por *reserva*, etcétera.

13. Confunde las vocales, y lee *garra* en vez de *gorra* o *corte* por *corto*.

14. Se equivoca al leer las consonantes iniciales, ya sea al voltearlas (*buda* por *duda*), invertirlas (*berro* por *perro*) o al usar otras que son similares visualmente (*hora* por *Nora*).

15. Pronuncia las sílabas en desorden: *aminal* por *animal*, *cazeba* por *cabeza*, *canimo* por *camino*, o hace lo mismo con las palabras: *es ella* en vez de *ella es*.

16. Acorta las palabras: *placa* en vez de *plática* o *amgo* en vez de *amigo*.

17. Cambia las palabras por otras de apariencia similar, sin considerar el sentido: *escuela* por *escolar* o *entrometer* por *entorpecer*.

18. Sustituye palabras de significado similar, por ejemplo: *Junio* por *Julio*, *casa* por *castillo*, etcétera.

19. Lee mal palabras cortas, como *en* en vez de *con*, *pues* en vez de *pero*, *a* en vez de *la*.

20. Omite o lee dos veces palabras pequeñas como *si*, *pues*, *en*, *cual*.

21. Agrega palabras pequeñas que no aparecen escritas en el texto.

22. Ignora la puntuación, por lo que resulta confuso el sentido del texto.

23. Omite los prefijos como *in*, y lee *concluso* en vez de *inconcluso*, o *animado* en lugar de *inanimado*.

24. Omite los sufijos como *ado, ido, ando, endo, mente*.
25. Agrega sílabas, y lee *Hay que retirar el desperdicio*, en lugar de *Hay que tirar el desperdicio*.

Un ejemplo claro de cómo algunos disléxicos adivinan las palabras, sin importar si tienen sentido dentro del texto o no, es el desempeño de Sarah, de once años y medio, en una prueba de lectura. Este es un resumen de la prueba:

"Hacía rato que los pajaritos cantaban en la copa de los abetos que había junto a la cabaña del abuelo, pero Heidi seguía durmiendo. Ni siquiera los ladridos que Niebla lanzaba al aire con su potente vozarrón, consiguieron despertarla."

La lectura de Sarah del pasaje anterior fue la siguiente:

"Hace rato que los pájaros cantan en la capa de los abelos que hay junto la cabaña del abuelo, pero Heidi sigue dormida. Siquiera los ladrillos que Niebla lanzaba al aíre con su potete vozarrón, siguieron desperetarla."

Típicos errores de dislexia en escritura

1. Escribe las letras en el orden equivocado: *meastra* por *maestra, caimsa* por *camisa, efidicio* por *edificio*.
2. Escritura en espejo, es decir, invierte el orden de las letras y las mismas letras.
3. Invierte letras , y escribe la *p* como *q* o la *d* como *b*.
4. Voltea las letras, y escribe la *n* como *u*, la *m* como *w*, la *d* como *q*, la *p* como *b* o la *f* como *t*.
5. Escritura en espejo de letras y tal vez, también de números.
6. Escribe las palabras como suenan: *kerido* en vez de *querido, axión* en vez de *acción*.
7. Escribe palabras raras: para *lejos* escribe *lel*, para *zanahoria* escribe *sanria, vogetles* para *vegetales* o *eguje* para *juguete*. Estas palabras guardan poca relación con los sonidos de las palabras o ninguna.

8. Omite letras: escribe *Amrica* como *América*, *ábol* en vez de *árbol*, o *mueca* en lugar de *muñeca*.

9. Agrega letras: *vereano* en vez de *verano*, *alegere* en vez de *alegre*, *mairino* en vez de *marino*.

10. No puede escribir la letra correcta cuando se le indica el sonido.

11. No puede escribir las letras cuando se le dictan por nombre.

12. Cuando se le dice el nombre de alguna letra no puede encontrarla en un letrero

13. No puede encontrar las letras que son iguales en un letrero cuando se le pide.

14. La puntuación puede parecer una puerta infranqueable por completo. Un disléxico debe considerarse afortunado si distingue la letra mayúscula al inicio de una oración, o un alto total al final del párrafo. Puede reconocer los signos de interrogación, de puntuación, las comillas y las mayúsculas para nombres propios, pero difícilmente puede utilizarlos.

Puede tener dificultades con las matemáticas

Los disléxicos comprenden de modo muy deficiente el lenguaje de las matemáticas hasta la edad de doce años, e incluso más tarde. Tal vez no entiendan que *sustracción, diferencia* y *menos* significan *resta*. De igual modo, pueden entender el término *suma*, pero se confunden si se les pide *encontrar el total*. También pueden confundir signos matemáticos similares como + y x, = y -, < (menor que) y > (mayor que), etcétera. Alrededor de sesenta por ciento de los disléxicos tiene dificultades con las matemáticas básicas, aunque esto parece superarse cuando conocen las matemáticas más intuitivas y, por lo general, son buenos en geometría.

Puede haber algún antecedente familiar de lectura tardía o escritura pobre

Ochenta y cinco por ciento de los disléxicos tiene parientes cercanos que padecen o padecieron problemas similares con la lectura y la escritura. Si un disléxico tiene una dificultad significativa con las matemáticas, normalmente también es un problema hereditario.

Puede confundirse con las direcciones

Esto se manifiesta de muchas maneras, desde dudar de cuál es la izquierda y la derecha, hasta no poder leer un mapa de manera correcta. Un niño debe saber cuál es su izquierda y su derecha a la edad de cinco años, y distinguir la izquierda y la derecha de otra persona a los siete años. La confusión direccional afecta otros conceptos como arriba y abajo, superficie y fondo; también le ocasiona dificultades para mantener su lugar al participar en juegos, tomar un bate de beisbol en la posición adecuada, imitar los movimientos del maestro de gimnasia si lo tiene de frente, entre otras cosas. Ocho disléxicos graves de cada diez, tienen confusión direccional. El porcentaje es menor entre quienes padecen dislexia menos grave.

La confusión direccional puede ser la causa de la llamada *escritura en espejo* y de la inversión de letras, palabras o números. Se considera que es el punto central de los problemas de los disléxicos, sobre todo cuando se relacionan con las restas, las multiplicaciones y las divisiones. También es probable que sea el motivo de los problemas que los disléxicos tienen al vestirse. A algunos niños no les gustan las actividades que implican cambio de ropa, sobre todo si esto conlleva encontrar una habitación, lo cual significa que el niño no sólo debe recordar el camino hacia la habitación, sino también el número de la misma (si es la 14 o la 41). Muchos disléxicos han renunciado a la natación por esta razón.

Algunos disléxicos, cuando aprenden a tocar el piano, tienen más problemas que otros niños para aprender los movimientos opuestos de las manos en el teclado.

Pueden retrasarse en aprender a leer la hora o anudarse las agujetas

Casi todos los niños pueden anudarse las agujetas cuando inician su vida escolar, a los cinco años, y comienzan a comprender las complejidades de leer la hora a la edad de seis años. Más de noventa por ciento de los disléxicos son más lentos que el promedio al desarrollar estas habilidades, alrededor de la mitad de ellos no lo logra sino hasta los diez años o después, y algunos no lo consiguen en absoluto. Leer la hora tiene una relación muy estrecha con las habilidades del lenguaje, y anudarse las agujetas, con un buen sentido de orientación; ambos aspectos se han considerado como indicadores de dislexia.

Puede resultarle difícil poner las cosas en su sitio

Muchas actividades diarias dependen de nuestra habilidad para acomodar las cosas de manera correcta. Casi todos los disléxicos tienen problemas al intentar recordar el orden del alfabeto o de los números, los meses del año, las estaciones o los eventos del día. Los niños pequeños, de 5 o 6 años, también tienen dificultades con la secuencia de los días de la semana.

Los niños disléxicos encuentran difícil seguir instrucciones verbales si reciben más de una a la vez, sobre todo si las instrucciones son complicadas o incluyen direcciones. Por ejemplo, su hijo puede pensar que es imposible cumplir una indicación como: "Sube al piso de arriba y tráeme la calceta roja que tiene un hoyo para que pueda arreglarla. Está en el cajón de arriba a la derecha en la cajonera junto a la ventana de atrás." Incluso pueden sentirse confundidos con una instrucción simple como:

"Ve a jugar afuera, pero ponte los zapatos y cierra la puerta al salir." Es mejor dividirla en tareas mucho más pequeñas:

Niño: "¿Puedo salir a jugar?"

Adulto: "Sí, pero ponte los zapatos."

Cuando se haya puesto los zapatos, continúe despacio y con claridad.

"Puedes salir, pero cierra la puerta."

Casi todos los disléxicos tienen problemas al intentar poner símbolos escritos en orden, esto es, signos escogidos al azar como letras, números, notas musicales, etcétera, que indican algo abstracto. Desde luego, hay unos cuantos disléxicos que no desordenan las letras de las palabras o los números de sus sumas.

Sin embargo, casi todos son tan buenos o mejores que cualquier niño en secuencias más prácticas y menos abstractas de figuras, luces y sonidos no verbales, como en el popular juguete "El fabuloso Fred." En éste, los jugadores tienen que oprimir botones para repetir un número creciente de secuencias de luces de colores, cada una de ellas acompañadas de un tono o sonido. Muchos de mis alumnos disléxicos han sido expertos jugadores de "El fabuloso Fred" y parece que no tienen problema alguno con la computadora personal.

Pueden tener una deficiente o excelente habilidad espacial

Por lo general, los disléxicos son muy buenos o muy malos al jugar o al trabajar con figuras de dos o tres dimensiones. Por suerte, son más los disléxicos que tienen talento natural en esta área que los que no lo tienen.

Poca habilidad

Si para la edad de tres años un niño no puede dibujar un círculo, colorear de manera aceptable un dibujo o recortar figuras con tijeras, entonces es probable que su habilidad espacial nunca se desarrolle por completo. También puede interpretarse como otra

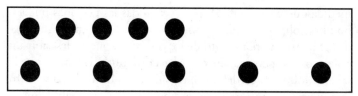

Los disléxicos de siete años o más, con una deficiente habilidad espacial, pueden pensar que hay más puntos en la línea más larga.

señal el hecho de que no le guste jugar ni siquiera con los rompe-cabezas más sencillos, con los juguetes en los que se insertan fi-guras en espacios predefinidos, ni construir figuras con bloques.

Cuando inicia la escuela, puede resultarle muy difícil apren-der a escribir, y probablemente tendrá dificultades para com-prender conceptos como: más grande-más chico, más largo-más corto, más-menos, etcétera. Por ejemplo, un niño en edad esco-lar con habilidad espacial normal a la edad de siete años, debe ser capaz de entender cuando se le muestran dos líneas de cinco puntos cada una que ambas poseen la misma cantidad de pun-tos, aún cuando en una de ellas los puntos están comprimidos y en la otra están más separados. Los disléxicos de esa edad o ma-yores, pueden creer que hay más puntos en la línea más larga.

Excelente habilidad

Los disléxicos que muestran una prometedora habilidad en esta área, cuando crecen son proclives a ser muy buenos en geometría. Por eso mismo, con frecuencia suelen ser excepcionales en aje-drez, juegos de cartas y juegos computarizados. Muchos de mis alumnos se han convertido en excelentes científicos e ingenieros, dos profesiones que requieren una buena habilidad espacial.

Pueden tener dificultades al nombrar cosas o personas

Muchos de nosotros no recordamos el nombre de algunas per-sonas que conocemos (esto parece suceder con más frecuencia a medida que envejecemos), pero casi todas las personas pueden nombrar objetos familiares sin dificultades. Sin embargo, alrededor de treinta por ciento de los disléxicos puede describir un objeto o una persona sin recordar el nombre. Un niño puede saberlo todo acerca del europeo que descubrió América, pero será incapaz de recordar que su nombre era Cristóbal Colón.

En una de las pruebas de inteligencia que usamos para diagnosticar dislexia, le mostramos a un niño la imagen de una sonrisa a la que le faltan dientes, y les preguntamos qué le hace falta a la imagen. A menudo el niño señala el diente que queda y dirá: "Algunos de éstos", pero no encuentra la palabra adecuada. La conversación de un disléxico está salpicada de frases como "¿Cómo se llama?" o "Ya sabe a qué me refiero", "Algo así", etcétera.

En niños brillantes e imaginativos, este problema en particular los lleva a crear grandes fantasías que pueden sorprender a sus padres y maestros. Recuerdo bien un alumno mío de nueve años que no se dio por vencido al no poder recordar el nombre de la persona que escribió *Romeo y Julieta*, e insistió primero en que había sido Enid Blyton, la famosa escritora de cuentos infantiles. Cuando se dio cuenta de que su respuesta era incorrecta, ¡decidió que el autor era Dios!

Puede ser zurdo o haber tardado en definir cuál mano usar

Alrededor de cuatro por ciento de la población en general es zurda, y una proporción mucho más alta de disléxicos, casi una cuarta parte, muestran una preferencia por usar la mano izquierda, si no para escribir, tal vez para otras actividades como comer, participar en juegos donde se usan las dos manos o usar algún instrumento.

Normalmente, un niño comienza a mostrar preferencia por una mano o la otra a la edad de un año, pero esta preferencia la establece con certeza a los cinco años. Más de setenta por ciento de los disléxicos, tanto diestros como zurdos, se tomó más tiempo en decidir cuál mano usar.

Puede haber parientes zurdos o ambidiestros en la familia

Casi noventa por ciento de los disléxicos tiene familiares cercanos que son zurdos o ambidiestros, incluso si el disléxico es diestro. La familia cercana incluye hermanos, padres, tíos, abuelos y posiblemente, primos en primer grado. En las familias con antecedentes de dislexia, pero no de individuos zurdos, he descubierto que la condición de la dislexia no es tan grave o difícil de tratar.

Puede haber comenzado a hablar de manera tardía o habla poco, y puede seguir teniendo una habilidad verbal inmadura

Sesenta por ciento de los disléxicos comenzó a hablar tarde. De nuevo, los padres son los primeros en notar si un niño se tarda en comenzar a hablar y si su expresión verbal es clara, una vez que ha comenzado.

Un niño debe comprender palabras simples y órdenes desde los nueve meses, pero puede hacerlo desde antes. Debe empezar a decir sus primeras palabras al año de edad aproximadamente, tener un vocabulario de alrededor de doscientas palabras a los dos años, y usar frases simples de dos palabras como "Dame agua" para entonces. A los tres años, debe tener un vocabulario de novecientas palabras y usar oraciones completas sin omitir palabras. Puede seguir confundiendo las consonantes ("toche" por "coche", por ejemplo), pero su dicción debe ser comprensible para otras personas. A los cuatro años debe hablar fluidamente a través de interminables preguntas acerca de todo lo que ocurre a su alrededor, aunque siga cometiendo errores gramaticales como "Yo quiere ir al parque" o "No cabo aquí". A los cinco años debe haber adquirido un lenguaje básico; la complejidad de su uso mejorará a través de los años.

Si un niño continúa teniendo algún defecto en su comunicación verbal, aunque sea insignificante, o usa una estructura gramatical inmadura en sus oraciones cuando comienza a ir a la escuela a los cinco años, los padres y maestros deben estar alerta acerca de posibles problemas de lectura y escritura. Además de mala pronunciación, las sílabas desordenadas ("tevelisión", "deyasuno"), palabras desordenadas ("la bonita casa" por "la casa bonita" o "nápiz luevo" por "lápiz nuevo") o palabras revueltas ("dulce agrio" por "agridulce"), hay otras estructuras gramaticales que son inmaduras, como "Yo y papá fuimos a pasear" en vez de "Mi papá y yo fuimos a pasear", por ejemplo, lo cual puede persistir hasta la adolescencia o incluso, hasta la edad adulta. Los disléxicos tampoco comprenden muy bien los sinónimos, las metáforas y las bromas verbales, es decir, los más abstractos y sofisticados usos del lenguaje.

Desde luego, siempre hay excepciones a todas las reglas y algunos niños disléxicos, al igual que otros no disléxicos, empiezan a hablar de manera tardía con oraciones completas sin que parezca que hayan pasado por los niveles normales del desarrollo del lenguaje anteriormente descritos.

Puede haber comenzado a caminar de manera tardía y no estar muy coordinado

Veinte por ciento de los disléxicos se tardó en comenzar a caminar. Por lo general, los niños dan sus primeros pasos vacilantes alrededor de los 12 y los 15 meses de edad, y caminan bien a los 18 meses, de manera que vuelven a pensar en ello, pues esta actividad se ha hecho automática. Si un niño no camina a los 18 meses o después, puede ser motivo de preocupación. Desde luego, hay muchas razones por las que un niño puede tardarse en comenzar a caminar, incluyendo problemas de salud o falta de experiencia, debido, tal vez, a que se le coloca en una cuna gran parte del tiempo. Esto tal vez no tenga consecuencias en las habilidades de aprendizaje del niño.

Existe la creencia popular de que los disléxicos son torpes y proclives a los accidentes, pero aunque algunos chicos disléxicos no tienen mucha coordinación, otros logran brillantes resultados en los deportes. La torpeza no es un indicador tan significativo como hablar o caminar de manera tardía, sin embargo, vale la pena tenerla en cuenta. Si su hijo tiene mala coordinación, los deportes como los clavados, el judo y la natación pueden ayudarle a desarrollar confianza en sus propias habilidades físicas, y con frecuencia, ayudan a mejorar la coordinación en general.

Cómo detectar a un disléxico "oculto"

Mientras más grave es la condición de un disléxico y mientras más señales y síntomas muestra, más fácil lo detectan padres y maestros. Es frecuente que los niños que están justo en el límite, los disléxicos "ocultos", sean los que causen las mayores confusiones, ya que son los que se escapan de la red. Sólo cuando se aproximan los exámenes los maestros se preguntan por qué su escritura no coincide con las expectativas. Si un niño puede leer, aunque sea de manera lenta, titubeante o inadecuada, a menudo se supone que no puede ser disléxico. Aquí es cuando se comete el primer error. Con frecuencia, los padres y maestros no parecen darse cuenta de que el niño aprende de memoria una lectura para dar la impresión de que puede leer.

La ortografía de los niños no siempre se revisa de manera sistemática, aunque es una de las cosas más sencillas de hacer, ya que se pueden aplicar pruebas de escritura como actividad de clase o como juego en casa. En la escuela existe la posibilidad de que los alumnos se copien entre sí, lo cual debe tomarse en cuenta, desde luego. Pero si la prueba se complementa con cinco minutos de composición libre sin ayuda del maestro, las señales aparecen incluso en los trabajos de los niños que están justo en el límite. Estos chicos deben ser examinados posteriormente por separado.

En la escuela es más difícil realizar una prueba de lectura en grupo, ya que puede implicar agregar una palabra adecuada para completar una oración incompleta o elegir una palabra entre cinco para el mismo fin. Este método de alternativas no es una guía muy confiable, ya que el niño tiene veinte por ciento de probabilidades de elegir de manera correcta una palabra al azar. Las pruebas de lectura son mejores cuando se aplican de manera individual, pero esto toma mucho tiempo y es probable que no sea posible realizarlas en el horario normal de la escuela.

Desde luego, los padres tienen más oportunidad que los maestros de escuchar leer a sus hijos. En mi experiencia, muchos padres notaron que algo andaba mal con la lectura o escritura del niño, incluso antes de entrar a la escuela. Si sus sospechas son confirmadas durante el primer año escolar de su hijo, no dude en hablar del asunto con el maestro. Puede correr el riesgo de que se le ponga la etiqueta de "padre exigente", pero vale la pena por el futuro de su hijo.

Hay otra razón por la que la dislexia de algunos niños se ignora para evitar que dañe su carrera hasta que es demasiado tarde. Un niño inteligente puede aprender a ocultar muy bien su problema al evadirlo con ingenio o al obtener ayuda para resolver sus tareas en casa. De esta forma, el inmenso espacio entre lo que sabe y lo que puede expresar en palabras no se demuestra sino hasta que presenta exámenes importantes. La respuesta radica en las escuelas: si aplican sus propias pruebas de escritura y exámenes con regularidad, los síntomas disléxicos serán detectados lo más pronto posible en la vida académica del niño y podrá ser atendido antes de que la condición se salga de control. Pero recuerde que muchos niños que reprueban exámenes no son disléxicos. Una investigación especializada indicará si ese es el caso, o si un cerebro de primera clase está siendo desperdiciado por falta de la ayuda adecuada.

Indicadores de los disléxicos "ocultos"

Los padres y maestros deben estar alerta ante las siguientes dificultades, ya que cualquiera de ellas puede ser señal de que un niño padece algún nivel de dislexia.

Poca concentración
El niño que no parece poner atención a lo que sucede en clase, o no escucha lo que le dicen sus padres, puede no estar haciéndolo a propósito. Tal vez no sea cuestión de "debe poner más atención" sino de "no puede poner más atención", porque el sistema nervioso de un niño disléxico todavía no tiene la facultad de eliminar las distracciones no deseadas, de tal forma que le permita concentrarse sólo en lo que dicen el maestro o los padres.

Malo para copiar del pizarrón
Un niño que no puede copiar con precisión del pizarrón tal vez no sufra de fallas visuales, sino que puede padecer una falta de aptitud para retener en la mente lo que ve a distancia durante el tiempo suficiente para ponerlo en el papel. Y cuando vuelve a mirar el pizarrón en busca de más información, es posible que no encuentre en dónde iba. Todo esto puede provocar que copie con mucha lentitud y que, a menudo, borren el pizarrón antes de que llegue siquiera a la mitad.

En vista de que muchos maestros escriben la tarea para la casa en el pizarrón, o la dictan para que los niños la escriban, es muy probable que los niños cuyas habilidades de escritura y lectura no son tan buenas como debieran, se lleven a casa instrucciones incompletas o incomprensibles. Por lo tanto, su bajo desempeño en tareas para la casa tal vez no significa que sea perezoso, sino que tiene cierto nivel de dislexia.

Desorganizado
Un niño que nunca está listo para ir a la escuela a tiempo cada mañana, que siempre llega tarde a las lecciones porque no

Este lugar al que todos llamamos escuela, es en donde las personas conocen a más gente desagradable y agradable, durante la infancia y la adolescencia.
Mi escuela, el Alexander Bain es un lugar en donde los directores se vuelven ricos y los alumnos cada vez aprenden menos, ya que cada vez contratan peores maestros. Estos maestros que solían ser ingenieros, arquitectos o abogados; son profesionistas frustrados y que no les gusta enseñar y no tienen la paciencia para esto.
Y cada día que vuelves a tu casa recuerdas a ese maestro odioso y hace que no tengas ganas de ir a la escuela y olvidas a ese maestro bueno al que le entendías todo.

Niña no disléxica

Cinco minutos de escritura libre de una niña no disléxica de doce años de edad. La escritura está bien formada y presenta una inclinación regular. Las oraciones están bien construidas, muestran madurez y describen con claridad lo que intenta expresar. No hay errores ortográficos. Compare este ejemplo con los dos siguientes.

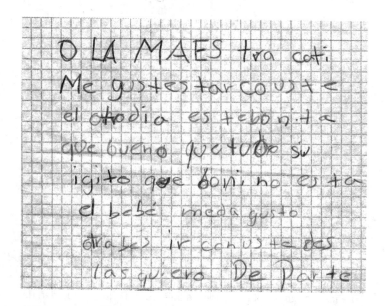

Niña con dislexia

Cinco minutos de escritura libre, hecha por una niña con dislexia, felicitando a su maestra. Su escritura es inmadura y no sigue una línea recta. Las oraciones están desarticuladas y no son fluidas. No utiliza mayúsculas para los nombres propios. Omite las palabras pequeñas y confunde otras. Su gramática y puntuación son deficientes y ha escrito mal algunas palabras.

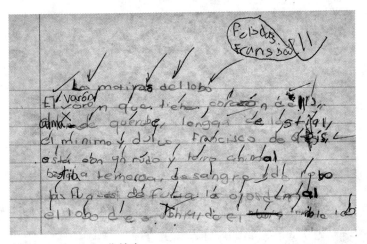

Niño gravemente disléxico

Cinco minutos de escritura libre de un niño gravemente disléxico de 10 años, con un nivel promedio de inteligencia. Tiene una edad de lectura de 7 años y 8 meses, y una edad de escritura de 6 años con 10 meses. Su escritura contiene muchos errores típicos de la dislexia.

puede encontrar el camino de un salón de clases a otro, o que parece nunca tener los libros y el material adecuados para cada clase, tal vez no sea sólo un ausente soñador despierto o un distraído, sino que puede tener dificultades disléxicas genuinas. No sólo le será difícil recordar la secuencia correcta de los eventos del día, sino que también puede confundir la dirección en que debe ir o ser incapaz de captar el sentido de la tabla de horarios de la escuela.

Rechazo de los niños de su edad

El niño que parece no tener muchos amigos o es la víctima de las bromas de otros niños que se divierten a su costa, puede estar en esta situación porque es diferente en aspectos que no parecen ser obvios para padres o maestros. Es fácil comprender que un chico con diferencias físicas, por ser obeso, muy delgado, muy alto o muy bajo, con pie plano, el cabello grasoso o las rodillas torcidas, pueda ser objeto del ridículo, ya que los niños son muy crueles unos con otros. Pero si este niño no se encuentra en alguno de estos casos y aún así provoca una respuesta poco amistosa de sus compañeros, la causa puede ser su comportamiento disléxico. Los otros niños pueden pensar que es raro porque no puede atarse las agujetas o leer la hora, por ejemplo, o por estropear los juegos al no ser capaz de distinguir su izquierda de su derecha.

Falta de autocontrol
Algunos niños disléxicos son resistentes por naturaleza, y tienen la suficiente confianza en sí mismos para sobrellevar las bromas y demás frustraciones relativas a su condición, ya sea al reírse de sí mismo o al ignorar las provocaciones de sus compañeros. Sin embargo, otros, como Billy en el capítulo anterior, se vuelven amargados, rebeldes, agresivos y difíciles de controlar por padres y maestros.

Esta clase de comportamiento, como todos los demás posibles indicadores de dislexia oculta que he mencionado, probablemente no estén relacionados con la dislexia. No obstante, se relacionan con tanta frecuencia que, al momento de ser detectados, se deben valorar las habilidades de lectura y escritura del niño. Si la dislexia se descubre y se atiende tan pronto sea posible, el niño podrá superar muchos de los problemas que en un inicio alertaron a los padres y maestros sobre su condición.

Indicadores erróneos

Según la suposición popular, de carácter erróneo, muchos problemas infantiles son señales de dislexia. Toda familia de un disléxico sabe lo molesto que resulta para un niño que lo señalen o acusen de ser retrasado, perezoso o emocionalmente perturbado, cuando ellos, como el niño, saben que no es ninguna de esas cosas. Es importante exponer esos mitos, no sólo para que los padres ayuden al niño a recuperar su confianza y los asesoren sobre cómo sobrellevar esos ataques, sino porque crean confusión y enojo en los padres y los maestros. Y por supuesto, es vital que los niños que realmente tengan cualesquiera de los siguientes problemas, reciban la atención adecuada para resolver cada caso en particular, en lugar de recibir terapia para dislexia.

Con retraso general

Como señalé en el capítulo 1, el niño que tiene algún retraso mental, lo manifiesta en el desarrollo de todas sus habilidades, desde el entrenamiento para ir al baño y comportamiento social hasta la lectura, la escritura, la aritmética y todas las demás materias escolares.

El diagrama de la página 37 muestra cómo puede predecir la edad de lectura de un niño no disléxico a partir de su coeficiente intelectual. Como una guía elemental, se debe tomar en cuenta que hay un año de diferencia de la edad escolar esperada por cada 10 puntos de coeficiente intelectual. En otras palabras, un niño con un coeficiente intelectual de 90 (el límite más bajo del rango promedio), debe tener una edad de lectura un año menos de su edad cronológica; y otro con coeficiente intelectual de 80, debe tener dos años menos. Pero si consideramos que también tiene retraso de uno o dos años en todos los demás aspectos relacionados con su coeficiente intelectual, concluimos que no es disléxico; su problema no es una dificultad específica para aprender a leer o escribir. Es probable que un niño con un coeficiente intelectual menor a 50 tenga grandes problemas para aprender a leer más allá del nivel básico.

Emocionalmente perturbados

Las perturbaciones emocionales pueden catalogarse en dos grupos distintos: las que se desarrollan en el niño sin causa aparente, y las que son causadas por algún evento externo, como la llegada de un nuevo bebé.

Casi con certeza, el primer tipo causa interferencias en el desarrollo intelectual del niño, ya que está tan inmerso en sí mismo que no responde de manera positiva a las experiencias y a los estímulos en la escuela y en casa.

El segundo tipo, que ocurre por alguna crisis doméstica, puede provocar una falta temporal de progreso en la escuela. Una vez que el problema ha pasado, el niño regresa a su manera de ser acostumbrada, su sueño vuelve a ser normal y reanuda su aprendizaje en donde lo dejó.

Lo que hay que recordar de las perturbaciones emocionales, del tipo que sean, es que, al igual que el retraso, se esconden de manera aleatoria en algún aspecto del aprendizaje, como la lectura y la escritura, pero afectan todos los aspectos de la vida escolar. El niño puede ser incapaz de aprender mientras se sienta molesto. Una consulta con el médico familiar, o tal vez un psiquiatra, es la decisión adecuada.

Hiperactividad

La hiperactividad es una condición neurológica. Un niño hiperactivo genuino es aquel que nunca descansa, no se queda quieto un momento, se distrae sin cesar, exige atención constante y duerme muy poco. Aunque desde luego, su inquieto comportamiento es una barrera para el aprendizaje, no necesariamente implica que el niño sea incapaz de aprender a leer o escribir. Sólo un disléxico de cada cien es hiperactivo de manera genuina, de modo que la hiperactividad no es un indicativo certero de dislexia. Los disléxicos, como hemos visto, pueden tener dificultad para concentrarse, y a menudo parecen aburridos y distraídos en clase. Esto se debe no a hiperactividad, sino a la pérdida de interés en tareas imposibles de lectura y escritura.

Perezosos y desinteresados

En realidad, este es un asunto más relacionado con la personalidad que el indicador de alguna condición particular. Algunos niños son más inclinados hacia lo académico, así como otros prefieren las actividades prácticas, los deportes y la diversión. Una afortunada minoría es capaz de combinar lo anterior. Existen, y es un hecho, algunos disléxicos que parecen perezosos en la escuela, a menudo porque sus dificultades hacen que se aburran con el trabajo escrito. Pero también son así millones de otros chicos. No hay evidencia que pruebe que la pereza o la falta de interés sean indicadores tan confiables de dislexia como el hecho de tener los ojos azules.

Ni maestros ni padres deben suponer jamás de manera automática que un niño es disléxico por demostrar más entusiasmo hacia las actividades prácticas, obteniendo, en cambio, pobres resultados en materias teóricas. Tal vez no le interesa el lenguaje como tema. Si ese es el caso, aprenderá a leer y escribir a tiempo, sin ayuda especializada, pero puede continuar odiando el lenguaje.

La falta de interés académico tal vez no sea evidente durante los primeros años de vida escolar, pero por lo general, se detecta cuando se aproximan los exámenes. Como ya mencioné, es importante tener presente que muchos niños que reprueban exámenes no son disléxicos (¡otro indicador equivocado!).

¿Los disléxicos deben ser identificados?

No es sencilla la tarea de diagnosticar si en realidad las dificultades de su hijo se deben a la dislexia o a otras causas. Es un trabajo que debe dejarse a los profesionales, que tienen el tiempo, la experiencia y el equipo para realizar los cuidadosos exámenes que se requieren (consulte el capítulo 6).

Este capítulo no se preparó para usarse como un diagnóstico del tipo "Hágalo usted mismo", sino para ayudarle a tener una mejor idea de lo que implica la dislexia y alertarlo ante los signos que le ayudarán a tomar los primeros pasos para identificar de manera adecuada el problema de su hijo.

Sin embargo, muchos padres, una vez que sospechan que su hijo es disléxico, se preocupan ante la posibilidad de que al niño se le coloque una etiqueta oficial la cual proclame su discapacidad, para que todo el mundo la vea. Tal vez le preocupa que su hijo pueda sentirse *diferente*, o teme el estigma social del que pueda ser sujeto, por la creencia errónea de que la dislexia es un tipo de deficiencia mental. De cualquier manera, los beneficios, cuando se identifica oportunamente la dislexia de su hijo, superan por mucho estas posibles desventajas. Y le recomiendo no permitir que sus temores lo detengan, por las siguientes razones:

1. Si el problema de su hijo no se identifica, existe el riesgo de que lo pongan en la clase de niños retrasados. Esto no sólo destruye la brillante confianza en sí mismo del niño, sino que le faltará la estimulación intelectual que tanto necesita.
2. En muchos países desarrollados, como Gran Bretaña y Estados Unidos (con algunas excepciones, por ejemplo Australia o Nueva Zelanda), una vez que se le diagnostica dislexia, el niño tiene derecho legal de recibir ayuda adecuada.
3. Los niños disléxicos en algunos países como Gran Bretaña, Estados Unidos y Australia pueden recibir ciertas concesiones durante los exámenes.
4. La información pública y el interés por la dislexia se han incrementado mucho durante los últimos años. Hay mucha menos confusión de la que solía haber y me he dado cuenta de que las personas demuestran una actitud de mayor simpatía y ayuda hacia los disléxicos.
5. Por último, y lo más importante de todo, vale la pena repetir que mi experiencia, en la gran mayoría de los casos, ha probado que la detección del problema es el punto crucial en el camino de la recuperación. Una vez que el niño, sus padres y sus maestros se dan cuenta de que no es estúpido ni perezoso, se abre una puerta enorme, se borran las tensiones y todas las personas relacionadas con el niño pueden trabajar de manera positiva para ayudarlo a superar la dislexia y hacer que su vida escolar y familiar sea más normal y relajada. En los dos capítulos siguientes describo con exactitud cuál es la ayuda práctica que padres y maestros pueden proporcionar.

Capítulo 4
¿CÓMO PUEDEN AYUDAR LOS PADRES?

Como recordará, en el capítulo 1 se mencionó que alrededor de nueve disléxicos de cada diez tienen algún familiar cercano con dificultades de lectura o escritura, lo cual es una fuerte evidencia de que la tendencia a la dislexia, como la habilidad atlética o la destreza manual, es heredada. Si usted sabe que hay dislexia en su familia y tiene, o planea tener hijos, entonces hay diversas medidas preventivas que puede tomar, desde el momento de la concepción en adelante, para disminuir la gravedad del problema en caso de que su hijo resulte disléxico. Si no es así, sus esfuerzos no se desperdician, ya que éstos le ayudarán a su hijo a desarrollarse con rapidez y explotar todo su potencial.

El diez por ciento restante de disléxicos no hereda la discapacidad. La adquiere, como lo hemos visto, por enfermedad o accidente, por lo general antes o justo después de su nacimiento. De cualquier manera, los padres deben estar alertas si el niño no desarrolla comunicación verbal a más tardar al primer año de vida, entre otras cosas, pues podría tener problemas de dislexia más adelante. De nuevo, la ayuda oportuna a partir de la primera infancia puede hacer la diferencia: la dislexia puede ser un padecimiento menor o un gran obstáculo en la vida.

Es evidente que, en los primeros cinco años de vida del niño, depende por completo de sus padres ayudar a minimizar la gravedad de su dislexia. Tan pronto como inicia su educación escolar formal, la responsabilidad de ayudarlo a sobrellevar sus problemas comienza a recaer más en los maestros, pero sin duda en esta etapa los padres desempeñan una función crucial como apoyo. Asimismo, un maestro especialista en dislexia debe tener una participación destacada en la educación del niño, en todo lo posible. En el siguiente capítulo muestro cómo los maestros de escuela regular pueden obtener lo mejor de sus alumnos disléxicos y, en el capítulo 7, se aprecia en detalle el trabajo de algunos especialistas en dislexia y los resultados que han obtenido. En este capítulo quiero dar una idea a los padres de los pasos prácticos que pueden tomar para ayudar a su hijo antes y después de iniciar la vida escolar.

Cómo ayudar durante el embarazo

Las madres o futuras madres de niños con probabilidades de padecer dislexia, deben poner particular atención a su salud durante el embarazo, como de hecho deben hacerlo todas las madres.

Existe una creciente evidencia médica de que el tiempo comprendido entre la concepción y el nacimiento puede ser mucho más importante para el crecimiento y desarrollo del niño de lo que creemos. Durante este periodo prenatal, el feto humano es más susceptible a su entorno, en comparación con otras etapas de su vida. Lo que le ocurre durante esos nueve meses puede ayudarle a tener un desarrollo normal, o privarlo de un desarrollo acorde con su potencial genético. Muchos factores sobre los que la madre tiene cierto control cumplen una función importante al crear el entorno del bebé dentro del vientre; el más importante de ellos es el estado general de salud de la madre, el cansancio que experimente a diario y la calidad de su dieta. Además, fumar, beber alcohol en exceso y tomar ciertos medicamentos (sobre todo estimulantes, tranquilizantes, diuréticos o píldoras para reducir la retención de líquidos) pueden tener consecuencias adversas en el desarrollo del feto.

Es posible que un inicio deficiente de vida después del nacimiento pueda provocar problemas de aprendizaje como la dislexia, o complicarlos en un pequeño que, en el aspecto genético, ya está destinado a heredarlos. Así que si usted está embarazada, es recomendable consultar con el médico familiar o con su obstetra cuál es el modo preciso de proporcionarle el mejor comienzo de vida posible a su bebé, sobre todo si existen casos de dislexia en su familia.

Cómo ayudar desde el nacimiento hasta la edad escolar

Ya sea que a usted le preocupe que su hijo pueda heredar la dislexia o bien que pueda quedarse rezagado al aprender a leer y escribir cuando crezca, debido a que padece un retraso en ciertos niveles de desarrollo, por ejemplo al caminar o hablar hay muchas cosas que usted puede hacer para ayudarle a explotar al máximo sus habilidades innatas.

Probablemente resulte sorprendente que ayudar a su hijo a progresar no sólo en lectura y escritura, sino en otras áreas, sea tan importante para combatir la dislexia, pero cuando un niño muestra mejoría en un aspecto de su desarrollo, también mejora en los demás.

Antes de concentrarnos en los aspectos prácticos, hay una regla de oro sobre la forma como los padres abordan la dislexia: es importante que usted no exagere su ansiedad sobre el desarrollo de su hijo, ni que le contagie su ansiedad a él. Y sobre todo, no lo mantenga bajo la presión permanente de hacer las cosas bien o de mejorar. La constante comparación con sus otros hijos o los hijos de sus amigos puede descorazonar a todos los involucrados. No es necesario decir que el niño debe ser amado y apreciado por lo que es y por cómo es. Sin duda alguna, es posible ayudarlo, proporcionarle motivación práctica y expandir su experiencia y su crecimiento intelectual sin que sea necesario, de ninguna manera, presionarlo para alcanzar objetivos que encuentra muy difíciles, incluso, imposibles o bien, para los que no está listo todavía.

Caminar
Primero, ayude a su bebé a estar de pie y después, a caminar de acuerdo con su propio ritmo, en lugar de intentar forzar su pro-

greso. Alrededor de los seis meses, los bebés disfrutan cuando los sostienen de pie sobre el regazo de un adulto; esto no causa ningún daño, siempre y cuando su bebé muestre entusiasmo por ello. Hacia los once meses, el bebé puede impulsarse para ponerse de pie, asiéndose de usted o de cualquier mueble para apoyarse; proporciónele todas las facilidades necesarias para que haga estos ejercicios, pero asegúrese de alejar los objetos peligrosos, ya que los accidentes dolorosos pueden hacer que pierda confianza. Alrededor de cuatro semanas después, el bebé empieza a dar pequeños pasos alrededor y se sujeta de objetos sólidos para apoyarse. No intente hacerlo caminar al tomarlo de la mano, tal vez no le guste la sensación y entre más accidentes y tropiezos sufra, menos se interesará en caminar sin ayuda.

Una vez que ha alcanzado este nivel, no debe pasar mucho tiempo para que camine algunos pasos sin sujetarse. No lo apresure, pero proporciónele la oportunidad de lograrlo colocándole cerca algunos muebles de apoyo; no lo anime a caminar en superficies resbalosas ni le permita jugar descalzo en superficies duras, ¡los calcetines actúan como patines de hielo a esa edad! No es necesario usar accesorios mecánicos, como los columpios de bebé, para fortalecer los músculos de las piernas pues de todos modos su cuerpo va a adquirir la fuerza y el equilibrio necesarios para caminar.

Hablar

Adquirir habilidades para hablar es la parte más importante del desarrollo primario del niño disléxico, y usted puede motivarlo mucho a través de la manera como le habla y se comunica con él usando gestos y expresiones faciales. De manera automática toma lo que puede y desecha el resto hasta que haya madurado lo suficiente para encontrarle sentido. Si no le da a su hijo suficiente estímulo, su progreso intelectual y, sobre todo, su posterior habilidad verbal puede sufrir las consecuencias.

Puede empezar por hablarle a su bebé desde el día de su nacimiento. Los bebés son capaces de escuchar desde el momento en que nacen y muestran marcado interés por el sonido de la voz humana desde muy pequeños. En las primeras semanas, el tono de la voz es lo que importa, más que lo que se dice. Sin embargo, muchas madres se sienten tontas al hablarles a sus bebés porque saben que no pueden entenderlas y pueden pensar que desperdician sus esfuerzos. Puede empezar por comentar con frecuencia lo que usted hace con él en ese momento, por ejemplo, explíquele lo que hace mientras lo viste o mientras lo baña, pero no haga un monólogo unidireccional. En cambio, escuche sus ruidos y responda a ellos. ¡Él quiere una plática, no un discurso!

La misma técnica básica debe usarse mientras crece su bebé, simplemente debe explicarle lo que hace con él. Por ejemplo, mientras lo arregla en la mañana, diga: "Calcetines en el pie: ese pie, el otro pie; metemos los deditos y ahora los zapatos: ese pie, el otro pie, etcétera". Mientras más repeticiones haga, mucho mejor, pues un niño que está aprendiendo a hablar debe escuchar quinientas veces una palabra antes de poder incluirla en su vocabulario.

Para acelerar su comprensión, siempre que sea posible acompañe sus palabras con acciones. Por ejemplo, diga: "caliente", haciendo al mismo tiempo el gesto apropiado de alejar con rapidez la mano y la expresión facial que demuestra que eso duele.

Si es evidente que su hijo tiene dificultades para entender lo que se le dice cuando ya tiene entre 15 y 18 meses de edad, es vital que usted le hable muy despacio y con claridad, usando una palabra a la vez o frases cortas y simples. Con frecuencia, los niños no entienden lo que se les dice simplemente porque los adultos hablan muy rápido, sin preocuparse por pronunciar las palabras del modo correcto. Una serie de frases rápidas va a retrasar, más que acelerar, la adquisición de vocabulario de su hijo, porque le resultará difícil distinguir una palabra entre una serie de sonidos que, para él, le suenan como si todos ellos fueran una misma cosa. Uno de mis alumnos de cinco años había aprendido la oración del Padre Nuestro en la escuela dominical, pero no había podido aprender las palabras correctas imitando a sus compañeros o a su maestra, de manera que él rezaba así:

"Padre Nuestro, que estás en los cielos *santo pecado* sea tu nombre…" No me creía cuando le dije que la oración correcta era: "Padre Nuestro, que estás en los cielos, *santificado* sea tu nombre…", e insistía en que *así* se rezaba en su escuela dominical.

Una de las mejores maneras de ampliar el uso del lenguaje de su hijo es repetir lo que él ha dicho, de una manera más explícita y detallada. Si su hijo de dos años dice "Papá" y señala la puerta, usted puede responder: "Sí, así es, papá fue a arreglar el auto" o "Sí, papá salió, pero volverá en un minuto". Esta motivación positiva proporciona mejores resultados que corregir sin cesar a su hijo: "No, se dice así y así…" En cambio, así sugiere que el esfuerzo de su hijo es correcto, pero amplía lo que él dice y le muestra cómo puede mejorar.

En algún momento entre los tres años y medio, y los cuatro años y medio de edad, su hijo comenzará a bombardearlo con preguntas acerca de todo y de todos. Sin importar cuántas veces le haga la misma pregunta, ni lo tonta que ésta parezca, intente dar una respuesta lo más completa posible, ya que en este nivel del crecimiento de su hijo la calidad de sus respuestas es crucial para su desarrollo intelectual, según los expertos. De hecho, es verdad que la eventual habilidad lingüística de un niño depende en gran medida del nivel lingüístico de los padres, al cual siempre está expuesto. Así que al sostener una conversación en presencia del niño lo mejor que usted puede hacer es tener sumo cuidado, tanto en la elección de las palabras que va a utilizar como en su correcta pronunciación.

Rimas del jardín de niños
Todas las rimas del jardín de niños son muy valiosas para desarrollar la atención de su hijo hacia las palabras, su sentido del ritmo y la rima, y su apreciación de tamaños, longitudes, números, etcétera; conceptos que con frecuencia causan confusión en los disléxicos.

Desde su primer año hasta el tercero y en adelante, su hijo disfrutará de las rimas acompañadas de ademanes, así como aquellas que incluyen números, las cuales ayudarán a formar su futura mente matemática. Por ejemplo, intente recitar las siguientes rimas utilizando juegos de manos, ademanes y acciones:

Cinco pollitos tiene mi tía.
Uno le canta, otro le pía.
Y tres festejan la luz del día.

O:

El elefante del circo mueve sus patas así.
Es muy grande y muy pesado, y no se parece a ti.
Si le das un cacahuate, la cabeza moverá.
Si le das dos cacahuates, "Muchas gracias" te dirá.

Desde luego, hay otras viejas rimas favoritas como "Marinero que se fue a la mar", "Pimpón", "La rata vieja", etcétera.

Juguetes y otros medios de juego
El juego no sólo ayuda a su hijo a mejorar su percepción de los tamaños, formas y dimensiones, sino que además, acelera su comprensión de las direcciones (arriba, abajo, izquierda, derecha, etcétera), y le ayuda a adquirir más habilidades en las áreas en las que los disléxicos a menudo se quedan rezagados.

En lo personal, no creo que valga la pena comprar juguetes educativos para su hijo antes de que cumpla los dos años de edad. No hay reglas estrictas al respecto, pero podría ser un desperdicio de mucho dinero adquirir esta clase de juguetes a una edad tan temprana , cuando él se beneficia más al explorar su entorno y jugar con los objetos cotidianos que están al alcance de su mano. De esta manera, el bebé aprende mucho más de lo que ocurre a su alrededor que al enredarse con estos instrumentos para su desarrollo creados de manera artificial.

Proporciónele una cuchara de madera y diferentes tipos de materiales para que los aporree; este juego es bueno para la coordinación de sus manos y le ayuda a distinguir diferentes tipos de sonidos. Para motivar el uso de materiales de escritura, déjelo garabatear en periódicos viejos. Para estimular su percepción de los espacios y direcciones, consiga cajas de cartón de diferentes tamaños para que coloque unas encima de otras, las meta y las saque, introduzca objetos en ellas y luego los saque de nuevo. Todos estos objetos caseros proporcionan muchas horas de juego provechoso a un costo mínimo.

La mayoría de los niños pequeños adora jugar con agua y usted debe motivar lo más posible esta afición. Desde luego, la hora del baño es una oportunidad ideal. Vaciar líquidos de un envase a otro mejora la coordinación entre ojos y manos: con práctica constante, su hijo termina por comprender que un envase alargado no necesariamente contiene más agua que uno más pequeño, otro concepto que a menudo confunde a los disléxicos. La arena es otro medio de juego, satisfactorio y estimulante, que ayuda a tratar los mismos problemas y cuesta muy poco o nada. Asegúrese de adquirir la arena adecuada en vez de conseguir la que usan los constructores, pues ésta última tiñe todo de anaranjado. Claro que con agua o arena se crea un gran desorden, pero vale la pena planear cómo utilizarlas sin arruinar toda la casa.

Alrededor del segundo cumpleaños de su hijo, usted puede ampliar de manera útil sus oportunidades de jugar con los juguetes que pueden adquirirse en tiendas. En nuestros días, hay una enorme variedad de juguetes en el mercado y muchos de ellos no valen el desproporcionado precio que se paga por ellos, sobre todo en términos del valor que éstos poseen como objetos de juego educativo. Si teme que su hijo sea disléxico, le recomiendo apegarse a juegos prácticos y simples que le ayuden a desarrollar su mente matemática, su sentido de dirección y sus habilidades para jugar con figuras de dos y tres dimensiones. Las piezas de construcción son excelentes para ello (asegúrese de que sean sólidas y bastante grandes para que pueda manipularlas con facilidad), así como algunos rompecabezas muy simples, los ábacos grandes, de colores brillantes, los estuches de crayones grandes de cera, las cajas para colocar figuras en espacios predefinidos y las torres de aros para insertar en postes. Un consejo para comprar juguetes: revise en las envolturas o paquetes cuál es la edad para la que esos juguetes son adecuados. Esto es importante, porque un niño pequeño puede sentirse frustrado al recibir un juguete recomendado para niños de mayor edad; más aún, esto puede resultar peligroso si dicho juguete contiene piezas pequeñas que el niño se pueda tragar.

Letras

Alrededor de los cuatro años, o tan pronto tenga dos años, si su hijo es receptivo, puede empezar a enseñarle las letras. Es más fácil para él aprender a reconocerlas que escribirlas, así que, poco después de que haya empezado a familiarizarse con las formas, pídale que señale las letras en un letrero. Yo recomiendo empezar con las mayúsculas, a pesar de que muchos maestros de escuela prefieren (de manera errónea, desde mi punto de vista) empezar con las minúsculas, pero si usted prefiere con minúsculas no hará ningún daño. Primero enséñele el nombre de las letras. Para hacerlo no se necesita ningún equipo costoso: puede mostrarle encabezados de periódicos o revistas o escribir algunas letras, grandes y claras, en pedazos de papel.

Para hacer que el alfabeto sea más tangible y fascinante, puede comprar letras de plástico o de madera. Son ideales para realizar juegos simples, por ejemplo, puede pedirle a su hijo que busque y le entregue una letra en particular, entre un montón de letras colocadas en otra parte de la habitación, y luego otra. A medida que aprenda las mayúsculas o las minúsculas, puede enseñarle el otro grupo de letras y jugar con ambos.

Cuando se encuentre en la calle, muéstrele letras en avisos de tránsito y anuncios; también puede orientar su atención a los números de las casas. Puede enseñarle a identificar a los sonidos de las letras al hacer hincapié en el sonido que empieza cada palabra, como en *M*ercado o *F*armacia. No trate de hacer esto si la palabra inicia con un sonido formado por dos letras, como en *Ch*ocolate. En este nivel, la asociación de letras con sonidos debe ser simple y regular para evitar que su hijo se confunda.

Desde de los tres a los cuatro años, puede motivarlo a que empiece a trazar letras mayúsculas. Casi todos los niños de tres años deben ser capaces de dibujar un círculo y una línea recta; principalmente las letras mayúsculas son de una combinación de círculos o partes de círculos, y líneas rectas. Asegúrese de que el niño toma el lápiz de manera correcta y de que las letras se formen del modo adecuado. Una vez que domine el trazado, permítale copiar las letras a mano.

Libros y lectura
Puede propiciar el primer contacto del bebé con los libros antes de que cumpla dos años. Existen libros especiales con ilustraciones a colores, que soportan el maltrato, y le resultan entretenidos al niño, ya que le muestran figuras, direcciones, le enseñan a contar y relacionar nombres con objetos; todas éstas son áreas típicas de problemas disléxicos.

Una vez que su hijo ya sea lo bastante mayor como para comprender, intente leerle en voz alta de cinco a diez minutos diarios. Por lo general, el mejor momento es cuando ya está acostado, porque está más relajado; además, si disfruta de esta actividad puede convertirla en un incentivo para irse a dormir.

Los cuentos de hadas con ilustraciones son maravillosos como primeros relatos. Uno de los mejores que conozco para desarrollar la atención del niño hacia las figuras y tamaños es "Ricitos de Oro y los tres osos". Contiene repeticiones constantes de "grande", "mediano", "pequeño", "muy alto", "muy bajo", etcétera, lo cual usted hace más significativo al señalar las ilustraciones y hacer los ademanes adecuados.

Los libros con ilustraciones del alfabeto son un buen complemento de las ideas para aprender las letras que se mencionaron en la sección anterior, y son los primeros pasos en el camino de una lectura adecuada. Son muy efectivos los libros en tercera dimensión, donde aparece de pronto un animal o un objeto detrás de una letra. Mientras más excitantes y divertidos sean los libros, con mayor rapidez aprenderá su hijo.

Si el niño muestra una inclinación por leer antes de ir a la escuela, motívelo por todos los medios a su alcance: señale con su dedo por debajo de la línea que el niño lee y permítale seguir la línea o completar frases cuando pueda. Si no muestra interés en los libros o en leer, no se preocupe ni intente forzarlo a ello. Como mencioné al principio de este capítulo, a la larga, el intento puede ser contraproducente y podría provocar que el niño se sienta aburrido o resentido. Puede estar seguro de que el niño tendrá todas las oportunidades de aprender estas habilidades en la escuela, sin importar cuánta dificultad tenga con ellas.

Audiolibros
Son muy populares entre los chicos de cuatro años en adelante; muchos de estos audiolibros se venden acompañados por un libro. Puede ayudar a su hijo a seguir en el libro la historia que se narra en el casete. En la actualidad, existe una amplia variedad de estos audiolibros, desde los más simples cuentos de hadas hasta libros para niños mayores, como *El hobbit, Veinte mil leguas de viaje submarino, Tom Sawyer* y versiones de otros clásicos que un niño disléxico tal vez no pueda leer por sí mismo.

A través de los audiolibros usted ayuda a su hijo a adquirir elementos básicos de literatura y cultura general, pues gracias a los audiolibros podrá conocer y disfrutar la literatura, incluso si, durante un tiempo, sus habilidades de lectura no se desarrollan bien.

Cómo puede usted ayudar a su pequeño estudiante

Cuando su hijo inicie formalmente la escuela, alrededor de los cinco años, si padece dislexia, es casi seguro que usted habrá detectado algunos de los síntomas descritos en el capítulo 3 e incluso sus sospechas habrán crecido. Sin embargo, tome en cuanta esta nota de advertencia: muchos niños que inician la escuela cometen errores disléxicos típicos de lectura y escritura, por ejemplo, escribir las letras al revés, así que no se preocupe demasiado en este nivel. Por lo general, no es sino hasta los seis años y medio cuando son más evidentes las diferencias entre disléxicos y no disléxicos. Desde luego, los niños muy inteligentes comienzan a leer a los cinco años, y a veces, antes. Si el maestro está de acuerdo en que su hijo tiene dificultades continuas mientras sus compañeros progresan de forma regular, es el momento de hacer lo necesario para que su hijo sea atendido por un experto (consulte el capítulo 6). Cualquier retraso en este sentido, como hemos visto, puede provocar problemas adicionales, mientras que con un diagnóstico adecuado se puede iniciar un tratamiento específico para la dislexia de su hijo.

Qué hacer si sospecha que su hijo es disléxico

Por lo general, si un niño no progresa de manera correcta o presenta problemas en clase, es en la escuela donde se decide si necesita atención especial. En ese caso, se debe hacer una cita con un psicólogo educativo o consejero escolar para asesoría, y se deben tomar acciones de acuerdo con sus recomendaciones. Muchas veces los padres piensan que las acciones recomendadas son imposibles o bien, la escuela decide ignorarlas. Si esto sucede y usted no está satisfecho con la situación, debe acudir a la escuela y manifestar sus opiniones. También puede solicitar el informe de un psicólogo o de un consejero escolar si la escuela, por principio de cuentas, no ha reconocido la existencia de un problema que necesita ser investigado.

Si ninguna de estas instancias parece dar resultados, puede solicitar asesoría independiente para su hijo. Consulte a su médico familiar, que puede remitir a su hijo con un psicólogo recomendable, o a una clínica o un hospital que cuente con especialistas en esta condición en particular; también puede acudir a la asociación local de dislexia (busque las direcciones en la guía telefónica de su ciudad) y solicitar una lista de especialistas aprobados. La primera opción puede ser la más confiable, ya que su médico familiar puede aplicar pruebas de visión y audición a su hijo y proporcionar al psicólogo una visión general de la salud del niño, así como el historial de la familia. Por otra parte, las asociaciones de dislexia ahora están más enteradas de las facilidades existentes para disléxicos, y sobre todo han sido creadas para ayudar a resolver estos problemas.

Por supuesto, si decide que su hijo sea atendido de manera privada o vive en un país que no cuenta con servicio estatal de salud, puede acudir directamente con un psicólogo que se especialice en dificultades del aprendizaje, como la dislexia. El psicólogo debe darle una lista de maestros recomendables, especialmente capacitados, que puedan proporcionar a su hijo las clases de recuperación requeridas, además de la ayuda que pueda ofrecer la escuela.

Una vez diagnosticada la dislexia, es muy deseable que el niño tome clases especializadas, además de las que diariamente toma en su escuela. La práctica de este tipo de enseñanza varía entre ciudades y países. Es posible que exista un especialista o maestro capacitado que esté relacionado con la escuela, o que visite la escuela con regularidad; o bien, puede haber una clínica de dislexia en su área. Si usted decide llevar a su hijo con un psicólogo privado, asegúrese de que tenga algún reconocimiento en enseñanza para disléxicos. Antes de que se inicie el tratamiento, pida estar siempre presente y contacte a su asociación local de dislexia si tiene cualquier duda.

Superar la dislexia depende de un esfuerzo en equipo entre el especialista (si hay alguno disponible), el maestro de la escuela, los padres y el disléxico. Al principio, muchos de los padres de mis alumnos disléxicos se sienten inseguros sobre el tipo de apoyo que deben dar a su hijo y me preguntan cómo ayudar con la tarea, si le sirven al niño las lecciones adicionales de escritura en casa, cómo preparar al niño para los problemas psicológicos que enfrenta, etcétera. Es evidente que existen ciertas trampas para los inexpertos en esas áreas, pero espero que las siguientes sugerencias y consejos le ayuden a evitarlas y le permitan hacer lo que sea mejor para su hijo.

. Una voz programada le pedirá al jugador que
abra simple; si la escribe mal, la computadora le
intente otra vez, si lo logra, le pide que escriba
stos juegos no son adecuados para niños con difi-
identificar los sonidos del habla, porque la voz
a no es bastante clara, sin embargo, un adulto
e. En mi experiencia, la mayoría de los niños dis-
tan los juegos electrónicos y son bastante buenos
teclado, así que por el precio de un radio portátil,
omputarizados pueden ser una inversión práctica.

a su hijo el orden correcto de las letras del alfabeto,
guiente juego: altérnese con el niño para recitar una
és, tres letras alternadas con tres del niño, y por úl-
l diga dos y el niño tres, en orden. Este juego tam-
jugarse con números. Los juegos en los que hay que
erie de puntos numerados o de letras por orden al-
n una línea para trazar la silueta de un dibujo, tam-
le gran ayuda para aprender secuencias. Como hemos
rimas son eficaces para registrar una secuencia en la
Son muy atractivas para los niños y se puede usar
rdar los días de la semana.
do le enseñe el orden de las estaciones y de los meses
no lo haga como si sólo fueran aburridas listas de pala-
e tiene que aprenderse. Intente interesarlo explicándole
ucede en ellas y relacionándolas con eventos memora-
su vida, por ejemplo: invierno (si usted vive en el he-
o norte), con la última navidad. Mientras más vívidas sean
genes mentales que pueda recrear, será más probable que
recuerde los nombres y, con un poco de suerte, el orden.
gunas buenas rimas para mejorar la memoria de corto
de su hijo son: "Yo tenía diez perritos", "El sapo que esta-
ntando debajo del agua", "Sal de ahí, chivita, chivita",
ra; en éstas hay listas de cosas que aumentan de manera
ıal y que el niño tiene que recordar en el orden correcto.

Guía general para padres

No es posible dar a los padres una guía que conduzca paso a
paso al éxito garantizado, ya que cada niño responderá de forma
distinta a lo que se haga para ayudarle. Sin embargo, le recomiendo aplicar bajo ensayo y error las siguientes sugerencias y
técnicas hasta encontrar las que funcionen mejor en su familia.

- Prepárese por si su hijo no responde a la ayuda que usted
  le ofrece. En general, he descubierto que los niños coope-
  ran más cuando alguien ajeno a la familia les asigna ejercicios.
- Sin importar la actitud de su hijo, recuerde que usted tiene
  un papel fundamental en esta lucha contra la dislexia y es
  muy probable que su compromiso con el progreso del pequeño haga toda la diferencia. Usted tiene la oportunidad
  de darle la valiosa atención personalizada que seguramente él no tendría de otra manera.
- Intente motivar a su hijo sin presionarlo. En lugar de asig-
  narle trabajo adicional en casa y señalarle sus errores a
  cada rato, invierta el mayor tiempo posible en compartir
  juegos educativos con él, alabe hasta sus logros más
  pequeños y aliéntelo a desarrollar sus cualidades, al igual
  que a vencer sus debilidades.
- No pierda el control si su hijo no progresa con tanta rapidez como usted desea, o si lo hace con lentitud. Sobreponerse a los problemas asociados con la dislexia puede
  tomar mucho tiempo y se requiere de la paciencia de
  todos los involucrados. Es esencial que él sienta que usted
  está de su parte.
- Si usted o su hijo se sienten enojados o frustrados mientras
  trabajan juntos su lectura y escritura, como sucede en
  muchas familias de disléxicos, deje la práctica por un rato,
  hasta que se hayan disipado las tensiones.
- Mantenga estrecho contacto con sus profesores, tanto con
  su maestro regular de la escuela como con su especialista

en dislexia, si lo tiene. Si todos comparten su información, cualquier problema con su hijo podrá ser atendido de manera más eficiente. Incluso, si planea proporcionar ayuda adicional desde casa, asegúrese de informar a sus maestros con exactitud lo que planea hacer. Cada uno tendrá su estilo de trabajo, y deben sentirse con la libertad de señalarle a usted lo que coincide o lo que no coincide con sus métodos (consulte el capítulo 5).

• Intente conocer a otros padres de niños disléxicos. Su asociación local de dislexia puede ayudarle a contactar familias en su área o sus familiares y vecinos pueden conocer otras. Intercambiar información y consejos puede ser muy útil, y se sentirá reconfortado al conocer otras personas que enfrentan problemas similares a los suyos.

Ayuda práctica que usted puede ofrecer

Una vez que su hijo acude a la escuela, recibe capacitación formal en las técnicas básicas para leer y escribir. Si tiene problemas con ellas, su primera reacción será procurar que el chico tenga práctica adicional en casa. Siga leyéndole como lo hacía antes de que iniciara la escuela, pero no intente hacer que lea todas las tardes, a menos que él así lo prefiera. El niño puede sentirse cansado o frustrado después de un día en la escuela, y cualquier presión adicional puede ser contraproducente para su progreso con la lectura. Para alentarlo a leer por voluntad propia, averigüe cuáles son las lecturas que más disfruta y téngalas disponibles en casa, incluso si esto implica comprarle historietas, pues las ilustraciones al menos lo mantienen interesado en lo escrito. Hay muchas otras maneras en las que usted puede ayudar; recuerde que al mejorar todas las habilidades adicionales de su hijo, también mejora su aptitud para la lectura y la escritura.

La tarea

Cuando su hijo ten
tanto de su escuela co
necesitará su ayuda p
de ese modo él no se l
de estar disponible par

Sugiérale cómo reali
guntas y asegúrese de q
hace. Cuando haya term
señalar de manera directa
podría expresar mejor esto
grafía podrían mejorarse a
quier cosa que él haya hech

Ortografía

Otra vez, más que adoptar el
hijo aprenda listas de palabras
juegos.

"Veo, veo" puede jugarse e
momento. Inicie con la primer
veo. —¿Qué ves? —Una cosita.
con la T. Cuando él adivine qué
sonido de la letra, y por último,
objeto, pídale que deletree la palat

Hay muchos juegos simples c
comprar, muchos de los cuales incl
con letras o cartas especiales, pero no
prar juegos tan complicados como e
siado avanzados para un pequeño di
familia el niño puede sentirse inadecu

Dependiendo de la edad de su hijo
grafía, puede intentar jugar crucigram
puede encontrar en libros de pasatiemp
infantiles.

Es muy probable que los recientes jueg
ortografía para niños apasionen a su hijo,

Sentido de la dirección

Si su pequeño tiene confusión direccional, es evidente que su prioridad será ayudarlo a distinguir cuál es su derecha y cuál es su izquierda. Empiece por preguntarle: "¿Cuál es tu ojo derecho?", "¿Cuál es tu pierna izquierda?" Si no puede responder esto, pregúntele cuál es la mano izquierda y derecha de usted, al colocarse frente a él. Si no puede resolverlo, siéntese a su lado y pregúntele de nuevo.

Otro popular juego de direcciones es "Simón dice". Inicie con una instrucción simple como: "Simón dice: pon las dos manos en la cabeza". Luego, aumente la dificultad progresivamente: "Simón dice, pon tu mano derecha en tu rodilla izquierda". Si después de mucha práctica y juegos, su hijo continúa sin poder recordar cuál mano es cuál, marque con tinta el dorso de las manos del niño con una I y una D para señalar su izquierda y derecha.

Los juegos cantados que impliquen aprenderse una coreografía sencilla o que indiquen cuál pierna se mueve o cuál brazo se agita, mejoran el sentido de dirección de su hijo, sobre todo si usted lo anima a decir para qué lado es la vuelta. La mejor manera de enseñarle los puntos cardinales es al estudiar un mapa juntos y señalar los lugares que le interesen a él. Después, podrá preguntarle, por ejemplo, en qué dirección está el mar en relación con la ciudad donde viven.

Como mencioné en el capítulo anterior, muchos niños disléxicos tienen dificultades para atarse los cordones de los zapatos; esto también se debe a la confusión direccional y falta de destreza. La mejor manera de superar este problema es a través de la práctica diaria. Cuando le muestre la técnica, es mejor que se sitúe de manera que ambos vean hacia el mismo lado, ya que si se coloca frente al niño, tal vez él se sienta más confundido. Puede comprar un zapato de juguete con agujetas que incluya instrucciones claras y esté elaborado de manera específica para ayudar a niños disléxicos con este problema. Lo puede conseguir a través de diferentes proveedores de material educativo;

o bien, puede consultar a los profesores del niño o a su especialista en dislexia quienes pueden informarle dónde adquirirlo.

Leer la hora y organización general

No es sorpresivo que la dificultad para leer la hora de un reloj convencional y la desorganización en casa y en la escuela sean dos problemas que muy a menudo aparecen juntos en el disléxico. Una manera en la que usted puede combatir ambos al mismo tiempo es a través de un cartel o lámina especial que colocará en la habitación de su hijo. Ahí dibujará o pintará un gran cuadro dividido en recuadros donde se describan las diferentes actividades del día en orden correcto. Cada recuadro debe ir acompañado por el dibujo de un reloj con las manecillas que indiquen la hora en la que la actividad debe realizarse. Por ejemplo, dibuje un niño levantándose de la cama a las 8 a.m., vistiéndose a las 8:15 a.m., desayunando a las 8:30 a.m., y así hasta la hora de acostarse.

Sin embargo, el cuadro de pared tiene sus limitaciones, ya que cada día es diferente al siguiente, así que siempre debe estar un paso adelante cuando ayude a su hijo a organizar su rutina; prevea los problemas que pudieran surgir y prepare al pequeño para que sea capaz de enfrentarlos. Por ejemplo, si él va a jugar en un partido de futbol con el equipo de la escuela y tiene que presentarse con sus cosas listas, en cierto lugar a cierta hora para que el entrenador vaya a recogerlo, usted deberá repetir varias veces con él la secuencia de acciones que debe realizar durante la mañana hasta que la tenga registrada en la memoria.

Consejos generales para su hijo

Una plática relajada con su pequeño acerca de la dislexia es muy importante para que él aprenda a enfrentarla. Tal vez le parezca que el niño se muestra muy confiado, pero es probable que la ansiedad acerca de su desempeño en la escuela y sus relaciones con sus maestros y compañeros se oculten tras esta aparente confianza pues el niño necesita confirmar muchas veces que su problema no significa que es estúpido. Tal vez a usted le parezca apropiado utilizar mucha de la información que se describe en este libro para que su hijo se sienta tranquilo.

El mensaje que intento transmitir a mis alumnos disléxicos es: "Ten confianza en ti mismo. Eres tan brillante como otros niños y no es tu culpa que la lectura y la escritura sean difíciles para ti. Por otra parte, tal vez tengas que trabajar más duro que los demás para lograr lo que quieras de la vida, pero eso no es malo. Cuando has trabajado mucho por algo, lo aprecias mucho más que lo que podrías obtener sin esfuerzo".

Si usted prepara a su hijo para enfrentar los posibles retos de la dislexia, él pensará que son más fáciles de lo esperado. Le sugiero alentarlo a reírse de sí mismo cuando se burlen de él, y a responder con algo entre líneas como: "No puedo deletrear, pero tú cantas desafinado".

Por último, explíquele que debe tratar de no desesperar a los maestros, ya que los necesita de su lado, pero dígale que no sea tímido al pedir que le expliquen algo o se lo repitan, si no lo entiende la primera vez, la segunda o las veces que sea necesario.

En el capítulo ocho ofrezco recomendaciones para los estudiantes disléxicos mayores, pero ahora es momento de saber lo que pueden hacer los maestros de escuela para ayudar a los niños disléxicos.

Capítulo 5
¿Cómo pueden ayudar los maestros?

Aunque este capítulo está dedicado a los maestros de niños entre cinco y doce años, la información que contiene puede ser útil a los padres de niños disléxicos, sobre todo si desean ayudar a su hijo con su tarea. Mientras más informados estén sobre los métodos de enseñanza que se emplean en la escuela, más eficaz será el apoyo que puedan proporcionar desde casa.

Para comenzar, analizo la importancia de identificar la dislexia en la escuela, después explico cómo los maestros pueden ayudar a mejorar las habilidades de lectura y escritura de un niño disléxico en clase y, por último, hago algunas recomendaciones generales sobre la atención del maestro hacia el niño disléxico, así como sugerencias para enfrentar los problemas diarios que con toda seguridad ocurrirán.

Reconocimiento de la dislexia

Muchos maestros de primaria saben que después de la edad de seis años y medio, ciertos alumnos no progresan de forma normal en lectura y escritura; al aceptar que esos niños tal vez puedan ser disléxicos, solicitan que se les aplique pruebas especiales. El resultado de no hacer lo anterior puede ser desastroso, como lo demuestra el caso de Mark. Éste es un extracto de una carta de su maestro, que me entregaron los padres de Mark:

He realizado algunas pruebas con Mark y les agradará saber que no mostró ningún síntoma de dislexia; de hecho, lo hizo muy bien y cometió muy pocos errores. Por lo tanto, no hay ninguna razón para no mejorar de manera radical su nivel de lectura y escritura, siempre y cuando así lo decida él. Al hablar con Mark, me di cuenta de que, de alguna manera, se escuda en tener "problemas especiales"; como él dice; para excusarse cuando se le solicita realizar algún esfuerzo adicional. Yo no creo que tenga ningún "problema especial" además de la pereza, y así se lo he dicho. Es un chico inteligente con una expresión verbal admirable y ha aprendido que requiere mucho menos esfuerzo hablar a su manera que ajustarse a las disciplinas de leer y escribir.

Mark tenía ocho años cuando esta carta fue escrita. Cuatro años más tarde, se le diagnosticó dislexia. Ahora, a la edad de 16, gracias a su trabajo arduo y determinación excepcional, está a punto de presentar sus exámenes preuniversitarios. A pesar de ser muy inteligente, Mark sigue teniendo grandes dificultades con la escritura y continúa cometiendo muchos errores disléxicos.

Es de suma importancia que ustedes, como profesores, no etiqueten a un niño como "perezoso", en particular si da señales de ser brillante en otras áreas. Como mencioné en el capítulo tres, los disléxicos ocultos a menudo dan la falsa impresión de que saben leer, al aprender de memoria algunos pasajes de las lecturas.

Comprendo lo difícil que es proporcionar atención individual en el ambiente de un salón de clases, sin embargo, detectar problemas de inmediato es una de las más importantes responsabilidades de un maestro. Esto se hace al aplicar de vez en cuando pruebas a cada alumno, con lecturas que no sean usuales, al aplicar un examen especialmente diseñado de manera individual, o al utilizar un procedimiento reconocido para determinar la capacidad para leer. Muchas autoridades educativas han desarrollado sus propias pruebas las cuales, por lo general, se aplican a la edad de siete años. Si sospecha que algún alumno tiene dislexia, el maestro debe hacer lo que considere apropiado para que el niño sea evaluado por un psicólogo educativo.

Sin embargo, es mejor cuando estas dificultades disléxicas se detectan antes de que el niño cumpla siete años, ya que entre más pronto se le apliquen las técnicas de recuperación, mejores resultados se obtienen.

En el capítulo dos vimos cómo se complican las cosas cuando no se hace un diagnóstico oportuno de dislexia. El deficiente trabajo escrito del niño puede provocar que se retrase cada vez más en relación con sus compañeros y después tenga que trabajar con niños más pequeños que él, sea relegado a clases de recuperación para todas las materias o, peor aún, que lo envíen a una escuela para niños retrasados. No es necesario decir que todos los esfuerzos para evitar estas eventualidades a cualquier costo valen la pena.

Cómo los maestros pueden ayudar a que un niño disléxico mejore su escritura, ortografía y lectura

Lo ideal es que un niño disléxico reciba enseñanza de recuperación con un especialista calificado en dislexia. Por desgracia, esto no siempre es posible y tal vez usted sea el único profesional disponible para guiarlo en lectura y escritura. Cualquiera que sea la situación, los maestros del niño deben tener conocimiento de los principios de la enseñanza especializada para que proporcionen un apoyo adecuado a las clases adicionales. Si usted puede ofrecer cinco minutos de ayuda especial al día a los niños disléxicos en clase, este esfuerzo podría ser la diferencia, para ellos, entre alcanzar el mismo nivel de sus compañeros o quedarse atrás.

No considero adecuado incluir mi programa de enseñanza para disléxicos en este libro, ya que, de hecho, constituye un libro completo en sí mismo, que se llama *De alfa a omega*. Lo que sigue a continuación pretende demostrar que algunos sistemas de lectura empleados en las escuelas pueden ser confusos para los disléxicos; también busca proporcionar a los padres y maestros una idea general sobre el método de apoyo, con el cual los disléxicos aprenden a leer y escribir de manera eficaz.

Lo más conveniente es que sean profesionales calificados en enseñanza para disléxicos quienes apliquen el programa de enseñanza "De Alfa a Omega", pero si es necesario, también lo pueden aplicar profesores que no hayan recibido entrenamiento especial para dislexia, e incluso, padres de familia, si lo leen con atención antes de ponerlo en marcha.

Tres métodos que no funcionan con disléxicos

Nadie sabe cómo un niño aprende a leer, pero parece que la habilidad se adquiere al ver las palabras y al escuchar cómo se pronuncian. Los dos procesos terminan por unirse: los símbolos escritos se relacionan con los sonidos verbales y de pronto, la palabra escrita comienza a tener sentido. Para la mayoría de los niños, esto sucede con toda naturalidad, pero no es así para los disléxicos.

Alfabeto de Enseñanza Inicial (AEI)

En un intento por lograr que quienes aprenden a leer crucen el puente entre los símbolos y los sonidos de la manera más sencilla posible, James Pitman, un editor y educador inglés —cuyo pariente, Isaac Pitman, inventó el método de taquigrafía Pitman— creó el AIE. Es un conjunto de 44 símbolos que representan 44 sonidos del idioma inglés.

Este sistema se utilizó mucho en los niveles de primaria en Gran Bretaña durante los años sesenta y setenta, con el fin de que los alumnos adoptaran posteriormente el alfabeto normal a la edad de siete años.

Aunque fue concebido de manera brillante, el AIE ya no se usa tanto como antes. Se ha descubierto que, en realidad, no es necesario para niños que aprenden a leer con facilidad; además, termina por confundir a los disléxicos cuando intentan hacer la transición del AIE y comienza a aprender el alfabeto tradicional, el cual, para ellos, es un conjunto nuevo y diferente de símbolos.

A pesar de haber sido infructuoso, este gran experimento nos mostró una regla básica para la enseñanza a disléxicos: si el niño tiene dificultades para aprender, no se le debe enseñar algo que después deba olvidar.

"Mira y habla"

Muchas escuelas de nuestros días utilizan un método de enseñanza de lectura que, por lo general, se conoce como "Mira y habla". Se basa en las 250 palabras que constituyen una parte importante del vocabulario que empleamos. Al presentar sólo unas pocas de estas palabras a la vez, a menudo relacionadas con una ilustración, y repetirlas sin cesar, se supone que los niños las aprenderán de vista. Muchos lo hacen, pero los disléxicos no.

Cuando los niños se encuentran una palabra desconocida, algunos maestros del método "Mira y habla" recomiendan el uso de fonemas, asociando una letra con un sonido, para ayudarles a aprenderla. La mayor desventaja de este tipo de enseñanza fónica es que sólo funciona cuando la asociación letra-sonido de una palabra es regular por completo. Por ejemplo, en la palabra *mamá* se puede identificar el sonido con las letras que la componen: "m/a/m/a", pero es imposible identificar el sonido correcto en palabras simples y comunes como "llave", "chile", "queso", etcétera.

El otro problema en la técnica de fonemas es que las letras, por lo general, se enseñan por su sonido y no por su nombre. Este es un gran error por las siguientes razones:

1. Muchos niños, al llegar a la escuela, ya conocen el nombre de las letras y les resulta confuso nombrarlas de manera diferente.
2. El nombre de las letras es lo único que permanece constante, ya que la pronunciación cambia según el contexto de las palabras.
3. Aunque el sonido es esencial para leer, los nombres, como demostraré después, son esenciales para la ortografía.

"Experiencia del lenguaje"

La tendencia en nuestros días es permitir que el niño use su propio lenguaje con el material de lectura. Dudo que este método sea funcional para cualquier alumno, sin importar si es disléxico o no, ya que se hace a un lado la estructura del aprendizaje. Y desde luego, no ayuda a desarrollar las habilidades del lenguaje de los niños con limitaciones sociales si éstos no están expuestos a un vocabulario más complejo del que acostumbran escuchar en casa o entre sus amigos.

Un método de enseñanza exitoso para disléxicos

El método estructurado fonolingüístico es el sistema más eficaz en centros de enseñanza para alumnos disléxicos. A diferencia de los tres métodos descritos anteriormente, éste no sólo se concentra en las habilidades de lectura y escritura, sino también en la caligrafía y en la habilidad de estructurar palabras, frases e ideas con lógica. Es preferible tener un conocimiento profundo de la fonética (la ciencia que estudia el sonido de las palabras) y la lingüística (la ciencia del lenguaje) para poder enseñarlas. No debe confundir simples fonemas con fonética. El fonema es el nivel básico de asociación de letras simples con sonidos simples, en cambio, la fonética cubre todo el rango de sonidos del vocabulario, tanto los asociados con letras simples como los que corresponden a grupos de letras. Regresando al ejemplo anterior de "queso", el niño debe saber que las letras "q", "u" y "e" construyen el sonido /ke/. Entonces podrá agregar el sonido regular de /so/ para producir el sonido de la palabra "queso".

De los nombres y los sonidos de las letras a las palabras

En un programa estructurado fonolingüístico como "De alfa a omega", el niño debe aprender paso por paso, de manera lógica, empezando con el sonido de las letras individuales asociado a los nombres y a las formas de las letras, además de trabajar por niveles, desde palabras monosílabicas hasta la complejidad de palabras multisilábicas. La enseñanza debe basarse en lo que los especialistas llaman "técnica multisensorial". Dicho de otro modo, una técnica que utiliza el sentido de la vista y el oído del alumno, además de hacer que escriba y lea en voz alta lo que se ha escrito, lo cual es un proceso dinámico bastante exitoso con los disléxicos.

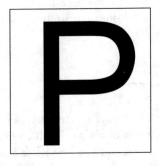

Ejemplo del frente (izquierda) y el reverso (derecha) de las tarjetas para enseñar las asociaciones letra-sonido.

El método que recomiendo para enseñar la asociación letra-sonido, igual que en el método de tarjetas de "De alfa a omega", consiste en lo siguiente:

1. El maestro muestra una tarjeta con la letra (pueden dibujar las letras en caso de que no pueda conseguir la caja de tarjetas; consulte más adelante), al reverso aparece el dibujo que se asocia con la letra. El niño debe decir el nombre de la letra.
2. El maestro dice la palabra con la letra y el sonido de la letra.
3. El alumno repite la palabra y el sonido.
4. El maestro dice el sonido y después, el nombre de la letra.
5. El alumno repite el sonido y dice la palabra; la escribe mientras la dice (de esta forma traduce a letras escritas el sonido que ha escuchado).

6. El alumno lee lo que ha escrito; expresa los sonidos (así traduce las letras que ha escrito a sonidos).

7. El alumno escribe la letra con los ojos cerrados para sentirla (cuando se cierran los ojos, se agudizan otros sentidos, como el tacto).

Cuando el pequeño está razonablemente familiarizado con los nombres, sonidos y formas de las letras, la técnica se modifica:

1. El alumno dice en voz alta los sonidos de las letras que aparecen en las tarjetas (proceso de lectura).

2. Después, el maestro dicta cada letra en orden aleatorio para que el alumno diga el nombre de la letra y la escriba (proceso de deletrear).

Este proceso debe repetirse para cada grupo de patrones de sonidos que se muestra en las tarjetas. Para acelerar las habilidades de lectura, se proporcionan tarjetas que muestran patrones más avanzados de los que ya se hayan aprendido a deletrear. Esto también ayudará a que el niño se familiarice con los patrones de deletrear para cuando deba usarlos.

La asociación entre el nombre de la letra, su sonido y su forma, debe enseñarse en primer término, así como que algunas letras son vocales y serán utilizadas en todas las palabras. Deben enseñarse los sonidos de las cinco vocales, incluyendo el sonido como vocal de la "y". En español, la "y" es tanto vocal como consonante, dependiendo de la palabra. De todos modos, el sonido de la "y" como vocal y como consonante es muy similar.

Los maestros deben explicar a los niños las normas ortográficas, para que ellos comprendan que "rana" no debe escribirse "rrana", pues, aunque el sonido del inicio de la palabra sea fuerte, no se escribe doble "r" al inicio de ninguna palabra. En cambio, en "carro" sí se escribe con "rr" por encontrarse en medio de la palabra. Es necesario hacer esto con todos los sonidos de las vocales en los patrones adecuados, al igual que con el resto de las consonantes.

Para hacerlo, es necesario introducir al alumno de manera gradual en el proceso de la unión de vocales y consonantes y enseñarle que ciertas combinaciones de letras producen ciertos sonidos: "c" y "h" producen /ch/ y "g", "u" y "e" producen el sonido suave /ge/ como en "guerra", a menos que la "u" tenga diéresis y entonces se pronuncie /gue/ como en "lengüeta." Si no está escrita la "u" intermedia, entonces el sonido fuerte será /ge/ como en "gente". Esto es obvio si se representan numerosos sonidos con sólo 27 letras. Y desde luego, el maestro debe señalar las excepciones en el lenguaje, por ejemplo, que siempre se escribe "m" antes de "p" o de "b", o que después de "n" se debe escribir "r" aunque el sonido sea fuerte como en "sonrisa" o "Enrique". En español, también causa confusión los muchos sonidos aplicables a la letra "x", que suena diferente en "Xochimilco", "xilófono" y "conexión."

Gradualmente, usted debe cubrir todos los patrones de sonidos y letras, para culminar con las sílabas finales como "ción", "cial", "cioso", "ico", "iente", "cial", etcétera y las acentuaciones, que tienen sus propias reglas y usos. El lenguaje contiene muchas irregularidades que deben explicarse de manera detallada a los alumnos disléxicos. Ahora es posible que aprecie mejor la importancia de una comprensión profunda de la fonética si se propone tener éxito al enseñar con base en este sistema.

De palabras a frases

Los disléxicos encuentran complicado formar oraciones usando las palabras que han aprendido. De modo que, además de tener un profundo conocimiento de la fonética y los patrones del idioma, sería recomendable que el maestro entendiera la estructura del lenguaje y cómo se desarrolla. Los alumnos disléxicos deben iniciar con dictados de oraciones en sus formas más simples, como las describe el famoso lingüista norteamericano Noam Chomsky, quien afirma que todo el lenguaje se almacena en el cerebro a través de oraciones *simples, activas, afirmativas* y *declarativas* (SAAD). Ejemplos de oraciones SAAD son:

- La niña mira el muro rojo.
- Un gato negro saltó sobre la chimenea.

Es importante resaltar que usted debe hacer que el contenido fonético de la frase coincida con el nivel de sus alumnos. La primera oración de arriba puede dictarse en un nivel primario porque contiene palabras con una cualidad fónica regular, mientras que el segundo ejemplo tiene un nivel de gramática y patrones de sonido que tal vez no han sido enseñados a los alumnos. Por ejemplo:

- La unión de consonantes como "ch".
- El acento en "saltó".
- La combinación de consonantes en "gro" y "bre".
- El diptongo en "nea".

El método que uso para dictar oraciones se basa, nuevamente, en la técnica multisensorial, que involucra el oído, el habla, la escritura, la vista y la lectura del alumno.

1. Dicte la oración completa, como la diría de manera normal.
2. Pida al alumno que la repita en voz alta.
3. Díctela de nuevo; separe cada palabra y pronúnciela con mucha claridad para que el alumno no la escuche como un flujo continuo de sonidos, sino como sonidos separados, como él debe escribirlos (así traduce el lenguaje hablado a escrito).
4. El alumno escribe la oración y la dice con claridad mientras la escribe (ahora hace la traducción del lenguaje hablado al escrito para sí mismo).
5. Pida al alumno que lea en voz alta exactamente lo que ha escrito.
6. Sugiera correcciones finales si el alumno no las descubre por sí mismo. Nunca le diga lo que debería haber escrito; más bien, debe proporcionarle claves apropiadas para que encuentre errores por sí mismo y motívelo para que revise

dos veces todo su trabajo hasta que lo convierta en un hábito.

Este método también incrementa la memoria del niño en oraciones, ya que usted comienza con frases cortas y poco a poco incorpora frases más largas. En su fase básica, todas las ideas existen en la mente como oraciones SAAD y van cambiando a frases más apropiadas, con estructuras más complicadas, para llegar al significado completo. Así que, una vez que el alumno disléxico domina las oraciones SAAD simples, el siguiente paso es practicar para convertirlas poco a poco en expresiones más sofisticadas. El contenido fonético de estas frases se vuelve cada vez más difícil, a medida que el alumno progresa.

1. *La oración* SAAD: "Un perro es mascota".
2. *La pregunta*: Con sólo cambiar el orden de las palabras "¿Es mascota un perro?". Más adelante, deben enseñarse diferentes tipos de preguntas más complicadas, por ejemplo, las preguntas complementarias. Puede ser un complemento negativo en una declaración afirmativa: "Es un lindo día, ¿no?", o un complemento positivo en una declaración negativa: "No es un lindo día, ¿o sí?".
3. *La negativa*: Sólo al nivel simple agregando la palabra "no". "Un perro no es mascota", por ejemplo. Tome en cuenta que la negativa puede ser difícil de entender y de elaborar para los disléxicos. Una frase como "21 no es un número par", puede causarles confusión.
4. *La oración compuesta*: Consiste en más de una frase principal, como: "El gato puede subirse a mis piernas, pero el perro, no" ("subirse a mis piernas" puede entenderse como la segunda frase).
5. *La pregunta negativa:* Con o sin complementos. Por ejemplo: "¿No te gusta correr en la lluvia?".
6. *La oración compleja*: Consiste en una frase principal y una o más frases subordinadas, como: "El hombre, que usaba una gabardina de piel, golpeó al perro".

7. *Causa y efecto*: "Me hubiera gustado ir al concierto, pero hubiera perdido el tren a casa".
8. *El pasivo*: "El perro fue golpeado por el hombre de la gabardina de piel."
9. *El pasivo negativo*: "El perro no fue golpeado por el hombre de la gabardina de piel, sino por un muchacho cruel".

Separación de las series de palabras

Usted necesita aclararle al disléxico cómo cambian las palabras cuando se usan en la conversación normal de todos los días. No escribimos oraciones como las hablamos, porque al hablar, las palabras son un flujo continuo. Cuando escribimos lo que decimos y escuchamos, tenemos que ser capaces de romper ese flujo de sonidos en palabras separadas. Los disléxicos, como ya mencioné, con frecuencia no entienden esto, y escriben algo como: "Vine a la escuela enlamañana", incluso a la edad de catorce años. Así es como ellos escuchan la oración, de manera que usted tendrá que explicarles cómo se dividen las palabras: "en la mañana", y cómo se usa la palabra en otros contextos: "Iré mañana al cine", "El sol sale por la mañana". Los disléxicos sólo pueden aprender a romper el flujo de palabras continuas con prácticas de escritura. Por supuesto, la escritura a mano es un obstáculo importante para muchos disléxicos y usted debe adoptar la misma técnica, clara y lógica, para enseñar también esta habilidad.

Escritura a mano y la forma de las letras

No quiero desvirtuar ninguna de las reglas acerca de la enseñanza de la escritura a mano para disléxicos, porque en gran medida son determinadas por las políticas de las escuelas, su preferencia y el grado de control del niño sobre el lápiz. Sin embargo, espero que el siguiente consejo le resulte provechoso cuando enseñe a un pequeño con serios problemas en este punto. Muchos de los errores comunes que cometen los disléxicos, como la confusión entre la "b" y la "d", pueden resolverse si se toman las medidas adecuadas.

Técnica básica de escritura a mano

El primer implemento que debe tener un disléxico para comenzar a escribir es un lápiz de rigidez mediana (HB o número 2). Las correcciones se pueden hacer con un borrador y el lápiz no causa tanto desorden como la pluma cuando comienza a practicar la escritura. A medida que se haga más competente, el disléxico podrá utilizar una pluma. Una pluma fuente es mejor que un bolígrafo porque promueve un mejor trazo de las letras, pues debe tomarse de manera adecuada para que la tinta y la punta funcionen bien. Incluso, se pueden conseguir puntas para zurdos. Se debe enseñar la forma correcta de tomar el lápiz o la pluma desde el principio (vea las ilustraciones que se encuentran al final del libro), pues los malos hábitos son muy difíciles de corregir después, como el masticar de un solo lado de la boca.

El lápiz debe tomarse con suavidad para evitar tomarlo con tensión y provocar cansancio; los engomados plásticos de los lápices ayudan a lograr la mejor posición de los dedos sobre el lápiz. Con alumnos mayores, tal vez no sea posible cambiar la manera de tomar el lápiz y sólo se podrá mejorar su escritura a mano. El niño debe estar sentado con comodidad, su silla y su escritorio deben estar a la altura adecuada, de manera que sus codos descansen en ángulo recto sobre la superficie donde va a escribir; su espalda debe estar recta y ambos pies apoyados en el piso.

El papel debe estar inclinado a la derecha, si es zurdo, y a la izquierda, si es diestro. Asegúrese de que el papel quede a la izquierda para los zurdos y a la derecha para los diestros, de manera que la mano con la que escriba no tenga que cruzar la línea media y obstruya la visión sobre el punto donde el niño escribe. La otra mano debe descansar en el papel para mantenerlo en su sitio. No se necesita detener la cabeza, pues ésta se sostiene sola. Muchos disléxicos tienen problemas al intentar que sus letras sigan una línea recta, por lo que es preferible utilizar papel rayado para las prácticas de escritura.

Formación de las letras

Como señalé en el capítulo anterior, la mayoría de los niños puede dibujar círculos y líneas rectas a la edad de tres años y medio. Incluso, hay quienes desarrollan un poco tarde esta habilidad, como algunos disléxicos, pero hay unos pocos que no pueden dibujar círculos y líneas rectas cuando inician la escuela.

Las letras mayúsculas se componen de líneas rectas y círculos, o partes de círculos, aunque las líneas y las curvas tienen que estar orientadas de manera adecuada. No creo que sea malo que el maestro enseñe primero las mayúsculas a un niño, ya que son más fáciles y se pueden formar de manera más natural que las minúsculas. Para iniciar, puede escribirlas tan grandes como quiera. Algunos maestros no están de acuerdo en enseñar primero las mayúsculas, por el temor de que los niños puedan usarlas de manera equivocada. Desde luego, esto no sucede si se les enseña cuándo y dónde emplearlas adecuadamente.

El primer paso es pedirle al niño que trace las letras, después, que las copie a mano y, por último, que las escriba de memoria. Cuando se han dominado las mayúsculas, puede empezar a enseñarle las minúsculas. Muchas escuelas enseñan las letras de "bolitas y palitos", que también consisten en líneas y círculos o partes de círculos, básicamente. No recomiendo enseñar a disléxicos este tipo de escritura a mano, porque muchas de las letras son confusas, en particular la "b" y la "d", así que puede haber problemas al cambiar la letra cursiva o manuscrita.

Incluso, algunas de las letras con "bolitas y palitos" no pueden escribirse sin una curva, tanto las ascendentes, como la "f", como las descendentes, como la "g" o la "j", por lo que es una pena no tener ligas o uniones curvas en todas las letras, como

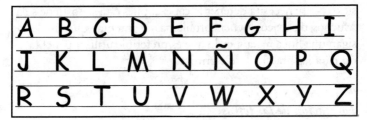

Alfabeto en mayúsculas para copiar

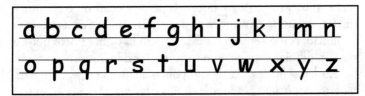

Alfabeto en minúsculas "de bolitas y palitos" no recomendable para disléxicos

en el estilo cursivo modificado de abajo. Así, el niño sólo tiene que extender las uniones para escribir en cursiva, en lugar de tener que reaprender todas las formas de las letras. En mi experiencia, éste es el mejor estilo para los disléxicos.

Sin embargo, algunos especialistas creen que el estilo cursivo debe enseñarse desde el principio. Estas son las formas de las letras que el niño terminará por usar; es el estilo más rápido, una vez que se ha dominado, y como consecuencia, el niño tendrá una mejor caligrafía en años posteriores, además de poseer una sensación de fluidez al escribir, desde la palabra que inicia

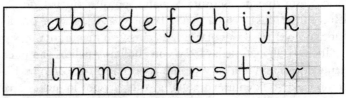

Alfabeto cursivo modificado. Quizá el mejor para disléxicos

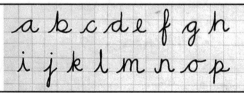

Alfabeto cursivo con ejemplos de palabras

hasta el final, y desde la derecha hasta la izquierda de un renglón. A veces, también ayuda a superar la confusión entre la "b" con la "d", y la "p" con la "q".

Sin embargo, no recomiendo que se enseñen letras cursivas aisladas, ya que todas inician con la línea de la base (consulte la ilustración siguiente). Esto se debe a que no todas las letras, cuando se usan en el contexto de una palabra, inician en la línea de base. Tome en cuenta el ejemplo de la página siguiente, donde la "i" en "vino" no empieza en la base, ni tampoco la "u" en "bueno", ni la "m" o la "e" en la palabra "comer". Si el niño intenta escribir estas palabras iniciando cada letra en la línea de base, como se le ha enseñado, se producirá un curioso efecto, como puede ver en la segunda línea de ese mismo ejemplo. Usted notará que la "v" se deforma al llegar abajo en la palabra "vino", al igual que la "u" en "bueno" y la "m" en "comer". Yo he visto a niños disléxicos escribir palabras así.

La otra objeción para enseñar todas las letras comenzando por la línea de base, es que los disléxicos pierden los indicios importantes de dónde empieza en realidad la letra, lo que podría impedirles apreciar las diferencias entre letras de formas semejantes. Si las letras se enseñan en grupos, a menudo ayuda-

Letras cursivas separadas que comienzan en la línea de base

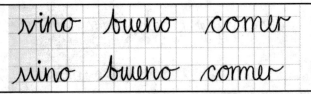

Arriba: las letras no siempre comienzan en la línea de base.
Abajo: las mismas palabras en donde todas las palabras comienzan en la línea de base

mos a que disminuya la confusión entre la "b" y la "d", pues la "d" empieza en el mismo lugar que la "a", la "c", la "g", la "q", etcétera, mientras que la "b" empieza desde arriba, como la "h". No me he encontrado ningún chico que voltee la "h", así que esta letra es ideal para empezar a enseñarle la "b". Tal vez nadie voltea la "h" porque no existe ninguna letra similar que vea hacia el otro lado, aunque la "h" a menudo se invierte como "y", en particular, cuando se enseña con el método de "bolitas y palitos".

Desde luego, puede discutirse que la "b" y la "d" empiezan en la línea de base, de acuerdo con el contexto de las letras que las preceden. Pero sin duda alguna, es importante que el niño se dé cuenta y recuerde el punto de inicio de cada letra para evitar voltearlas, incluso si utiliza letra cursiva. He conocido muchos disléxicos que producen la más hermosa letra cursiva y continúan volteando la "b" y la "d" porque no les han enseñado cuál es el punto inicial más importante para cada letra.

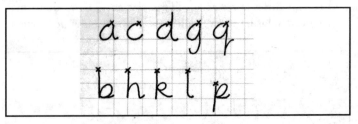

Las letras deben enseñarse en grupos con puntos de inicio similares, los cuales se marcan aquí con una X

96

¿Cuál tipo de letra es más fácil de leer?

Cuando se considera cuál tipo de letra leen los disléxicos con más facilidad surgen discusiones similares a las relacionadas con la letra escrita a mano. Muchos maestros eligen libros de lectura en cursiva, o en "bolitas y palitos", porque se parece al estilo de escritura que el niño utiliza. Desde mi punto de vista, esto es un error, ya que las letras cursivas pueden confundirse con facilidad porque no tienen remates, es decir, no tienen trazos terminales en las partes superior o inferior. El tipo de letra Times New Roman o Garamond (el utilizado en este libro), los cuales tienen remates, han demostrado ser los más legibles. Sería imposible, desde luego, asegurarnos que todos los libros de lectura para sus alumnos disléxicos estén impresos con este estilo, pero recomiendo con énfasis que los maestros intenten proporcionar a sus alumnos libros impresos en tipos de letra con remates cuando sea posible.

Ayuda para los disléxicos en clase

Existen muchos puntos importantes que usted necesita tener en mente cuando tenga un alumno disléxico, además de las prácticas o el método educacional que utiliza.

Siéntelo al frente de la clase
Si es posible, tenga al chico sentado al frente de la clase en lugar de permitirle soñar despierto u holgazanear en el fondo del salón. Así será posible tenerlo a la vista y asegurarse de que ha comprendido lo que enseña; el pequeño sentirá que le presta atención y de esta forma le puede asignar tareas distintas al resto de la clase cuando sea necesario, sin que nadie más lo sepa. También puede revisar que haya copiado de manera correcta lo que se escribió en el pizarrón y ayudarlo, si no es así.

Hable con claridad

Los niños disléxicos son a menudo muy sensibles a las voces fuertes y agresivas, y son poco receptivos con maestros que gritan en clase, tanto si esto se debe a que están enojados o bien, porque piensen que entre más alto hablen, mejor le entenderán los alumnos. A menos que usted hable despacio, de manera clara y pausada, poniendo cuidado al enunciar cada palabra, los disléxicos no aprenderán nada en absoluto. Por qué no tomar el ejemplo de los presentadores de programas de aprendizaje del lenguaje en radio o en televisión, que hablan con frases cortas, pronuncian cada una con voz muy clara y repiten una y otra vez los diferentes contextos en los que las palabras pueden usarse para que sean aprendidas.

Escriba con claridad

La letra manuscrita del maestro no siempre es tan sencilla de leer, por lo que se debe prestar especial atención al escribir en el pizarrón y hacer correcciones legibles en el libro del niño. Escriba las letras suficientemente grandes en el pizarrón para que toda la clase las pueda leer, y no se quede parado frente al pizarrón, de modo que nadie pueda ver lo que escribe.

Haga concesiones

Si califica el trabajo escrito de un disléxico con el mismo criterio que emplea para evaluar a sus compañeros, siempre parecerá que está retrasado. Puede tomarle a un niño disléxico muchas horas de arduo trabajo el producir unas pocas líneas de escritura aceptable, y no hay nada más desmoralizante para él que sentir cómo todo su esfuerzo vale muy poco.

Como parte de su labor, el maestro debe reconocer este esfuerzo, aunque los resultados sean pobres en comparación con el trabajo de los no disléxicos, y motivarlo a mejorar su desempeño en habilidades lingüísticas, en lugar de hacer que compita siempre con niños que, a sus ojos, parecen tener una ventaja injusta. La respuesta, como hemos visto, no está en asignar al niño a una clase de recuperación para todas las materias escolares, ni en inscribirlo en una escuela especial, excepto en casos muy grave. En lugar de eso, usted puede hacer ciertas concesiones con él en clase, para alcanzar un equilibrio entre privarlo de una atención especial, por una parte, o exagerarla, por otra, al grado de hacerle sentir un extraño entre sus compañeros. Lograr el equilibrio requiere un fino juicio basado en el conocimiento de las medidas que funcionan con determinados alumnos. En mi experiencia, las siguientes sugerencias han sido muy útiles al integrar a un pequeño disléxico en la rutina escolar.

- Proporcione más tiempo al niño disléxico para elaborar trabajos escritos en clase y espere menos en términos de cantidad. Pídale trabajos más sencillos que al resto de la clase y cuando califique la calidad del trabajo, ponga más atención al contenido que a la presentación. Las mismas reglas son aplicables cuando escriba informes de desempeño y calificaciones.
- Si se siente bastante preparado en fonética y lingüística como para darle al disléxico una tutoría especial como la descrita algunas páginas atrás, en este mismo capítulo, entonces puede ponerle este tipo de trabajo mientras el resto de la clase practica lectura, escritura y ortografía regulares.
- Cuando escriba sus observaciones sobre el trabajo escrito del disléxico, no marque éstas con tinta roja. Esto sólo va a confundirlo y disminuirá su confianza en sí mismo, además de que no le permitirán leer para mejorar. Es mejor atraer su atención a tres o cuatro errores, tal vez, de preferencia, en palabras con fonética similar, como "casa", "mesa" y "taza", y pedirle que las aprenda. Un pequeño avance concreto es mejor que nada. Observe que es de poco valor señalarle palabras asociadas por tema, como "carnicero", "mecánico" y "dentista", si no tienen relación fonética entre sí.
- Haga que el disléxico participe verbalmente en clase lo más posible, para compensarlo por su falta de habilidades en lectura y escritura. Es muy probable que sepa las respuestas

a sus preguntas y se sienta orgulloso de demostrar su conocimiento al resto de la clase, lo cual es un gran refuerzo para su confianza. Sin embargo, no hay nada más aterrador para un disléxico que le pidan leer en voz alta en clase, así que evítele el sufrimiento y deje las prácticas de lectura para el tiempo adicional que pueda darle a él a solas, o permita que el maestro especialista se encargue de ello.

• Intente no sobrecargar al disléxico con tareas en casa. Es probable que le tome más tiempo realizarlas que a sus compañeros, de manera que no tendrá tiempo para otras cosas, a menos que haga algunas concesiones con él. Para ayudarle a hacer más productivo el tiempo de estudio en casa, pídale que haga trabajos grabados en audiocasetes, si tiene una grabadora de audio en casa. Esto le dará la oportunidad de desplegar su creatividad en una actividad que probablemente disfrute y que no le cause miedo.

• Como hemos visto, el niño disléxico tiene problemas para organizarse, así como a sus cosas, de manera que intente no enojarse con él si llega con su carpeta de dibujo a la clase de historia, no llega a clase porque se ha ido al salón equivocado o se equivoca al leer la hora. También sea indulgente con su apariencia desaliñada. Si las agujetas de sus zapatos nunca están atadas y su corbata es una especie de nudo a la mitad del pecho, es probable que se deba a una dificultad genuina y no a la pereza. Indíquele con paciencia lo que está mal y muéstrele cómo corregirlo. Terminará por aprenderlo.

No se puede negar que el alumno disléxico demanda mucha atención de sus maestros. Para sobrellevarlo se requiere inteligencia, humor, flexibilidad, sensibilidad, empatía, paciencia interminable y, de preferencia, un conocimiento muy sólido lo que enseña y por qué lo hace. Sin embargo, el aspecto más gratificante de enseñar a niños disléxicos es que casi todos tienen la inteligencia, entusiasmo y habilidad para hacer las cosas bien, si se les orienta de manera adecuada.

No hay nada más satisfactorio en el aspecto profesional que ver los frutos que rinden meses o años de arduo trabajo, lo cual sucede a menudo si la dislexia se detecta a tiempo y se proporciona el tipo adecuado de enseñanza.

La clave de una enseñanza exitosa para disléxicos se resume en este antiguo proverbio chino:

Escuchamos, olvidamos.
Vemos, recordamos.
Hacemos, entendemos.

Capítulo 6
DIAGNÓSTICO PROFESIONAL:
EXÁMENES QUE PUEDEN HACERLE A SU HIJO

Como he señalado muchas veces a lo largo de este libro, un diagnóstico profesional es el primer paso en el camino a la enseñanza adecuada y, en algún momento, a la recuperación del disléxico. Por lo general, el diagnóstico es elaborado por un psicólogo, un médico especialista en problemas de aprendizaje, como la dislexia o, dependiendo de sus circunstancias, la escuela puede enviar a su hijo, para diagnóstico, con un terapeuta del lenguaje o con un médico familiar. También puede acudir directamente con el especialista que su médico, un maestro, el padre de algún otro disléxico o su asociación local de dislexia le hayan recomendado.

Él llevará a cabo una serie de exámenes diferentes que le permitirán decir si su hijo es disléxico o si existen otros factores que pudieran perjudicar su progreso en la escuela, como un bajo coeficiente intelectual o alguna enfermedad física o emocional. El resultado también confirma cuáles problemas disléxicos típicos sufre su hijo, en qué medida le afectan, y podría dar una idea del tiempo que tomará para que el nivel de lectura y escritura de su hijo lleguen a niveles aceptables con enseñanza especializada.

El psicólogo que examine a su hijo usará algunas o todas las pruebas que se mencionan en este capítulo o algunas otras que no se han incluido. No se alarme si las técnicas no son exactamente iguales a las que describo aquí. Éstas son las que yo uso por lo general, pero cada psicólogo tiene su modo preferido de trabajar y sabrá cuáles procedimientos son los mejores para su pequeño. Pídale que le explique todo lo que no comprenda.

Todas estas pruebas deben ser aplicadas por profesionales. Es muy importante que usted no intente utilizar ninguno de estos procedimientos para llegar a un diagnóstico hecho en casa, ya que, sin el conocimiento necesario, podría interpretar mal los resultados y llegar a conclusiones equivocadas por completo. Tenga en mente que las siguientes pruebas son para niños entre seis y medio y 16 años de edad, y hay otras distintas para personas mayores o menores, pero casi todas las personas que buscan ayuda están dentro de este grupo de edad.

Por lo general, aplico las pruebas en la mañana o en la tarde. Algunos psicólogos, sin embargo, prefieren ver al niño en varias ocasiones para una valoración más extensa. También puede ser que el psicólogo prefiera que algunas pruebas sean aplicadas por otros especialistas. Sin importar cuánto tiempo tome el proceso, el miedo a lo desconocido puede hacer que la cita sea una perspectiva que genere temor en un pequeño. Entender lo que son las pruebas y para qué están diseñadas, le permitirá explicarle a su hijo de antemano lo que le pedirán hacer y asegurarle que no hay nada de qué preocuparse. Si es posible, solicite la aprobación del psicólogo para que usted pueda acompañar a su hijo, así estará más dispuesto a mejorar su nivel actual. Si el pequeño está tenso o enojado durante la prueba, es obvio que los resultados no revelarán su habilidad verdadera.

Pruebas que se aplican durante una valoración

Inteligencia general

Es posible que la prueba más común para evaluar niños disléxicos sea la que se conoce como Escala Wechsler de Inteligencia Infantil (WISC, por sus siglas en inglés). Se desarrolló por primera vez en Estados Unidos, pero en la actualidad se usa en todo el mundo. Se diseñó, sobre todo, para niños con dificultades para leer y escribir porque no implica lectura y escritura en absoluto. Por esta razón, es mucho mejor que las pruebas de inteligencia para grupos, que a menudo se aplican en el salón de clases y que dependen en gran medida de las habilidades lingüísticas del niño.

Como casi todas las pruebas de inteligencia, se divide en dos partes. Una de ellas se refiere al intelecto del niño a través de lo que puede decir acerca de ciertas cosas, y la otra examina lo que puede hacer en tareas visuales o manuales que no requieren que él hable. La prueba se divide así porque, por lo general, las habilidades verbales son gobernadas por el lado izquierdo del cerebro y las habilidades visuales y manuales dependen del hemisferio derecho. Casi todas las personas obtienen un resultado similar, tanto bueno como malo, en ambas pruebas, así que si existe una diferencia significativa entre las habilidades verbales y no verbales de su hijo, mostrará que una parte de su cerebro trabaja mejor que la otra (consulte el capítulo 9). Este tipo de desequilibrio puede afectar el proceso de aprendizaje y puede provocar dificultades de aprendizaje, como la dislexia.

Examen verbal 1: Información
Está diseñado para conocer el nivel de información general y conocimientos de su hijo acerca del mundo, así como su memoria de hechos que debe haber aprendido en la escuela. Las preguntas son del tipo: "¿Qué come un caballo?" o "¿Cuál es la montaña más alta del mundo?"

Examen verbal 2: Comprensión
Esta prueba es de juicio práctico, sentido común y conocimiento de por qué las cosas son como son. Las preguntas son del tipo: "¿Qué harías si te sangrara la nariz?" o "¿Por qué tenemos que pagar impuestos?"

Examen verbal 3: Aritmética
Aquí se le darán algunos problemas aritméticos para que los resuelva mentalmente, con el fin de medir su nivel de habilidad aritmética, concentración y memoria. Todas las preguntas se pueden responder empleando el sentido común, sin ningún conocimiento especializado de matemáticas.

Examen verbal 4: Semejanzas
Para comprobar su razonamiento abstracto, se le pregunta de qué manera ciertos conjuntos de cosas son similares entre sí. Al principio, las semejanzas son obvias, y las preguntas son del tipo: "¿En qué se parecen una papa y una zanahoria?" La dificultad de las preguntas aumenta poco a poco, hasta alcanzar un nivel del tipo: "¿En qué se parecen el 398 y el 677?"

Examen verbal 5: Vocabulario
Por lo general, esta prueba es el mejor indicador de la inteligencia de su hijo. Le piden que defina algunas palabras, con preguntas que aumentan de dificultad, desde "¿Qué es una vaca?" hasta "¿Puedes decirme qué significa *ubicuidad*?"

Examen verbal 6: Secuencias
El examinador expresa en voz alta una serie de números en orden aleatorio y le pide a su hijo que repita esa serie y después, a la inversa. Aunque su resultado en esta prueba no se usa para calcular su coeficiente intelectual, proporciona información muy útil acerca de su atención y su memoria para los números. La falta de estas habilidades es un posible síntoma de dislexia.

Si el día de las pruebas su hijo no responde de manera verbal a los exámenes porque es muy tímido, está enojado o sólo ha tenido un mal día, existen otras pruebas del wisc que pueden sustituir a las verbales. El psicólogo puede hacerse una idea del nivel de vocabulario de su hijo con sólo pedirle que escoja una imagen que coincida con la palabra que el examinador le diga, entre un conjunto de imágenes.

Examen de desempeño: Completar imágenes
Todos los exámenes de desempeño se hacen con tiempos medidos. El primero está diseñado para saber qué tan bueno es su hijo para distinguir los detalles esenciales de una imagen: le pedirán que diga qué elementos faltan en una serie de dibujos, como una cara sin nariz o un auto sin una llanta, por ejemplo.

Examen de desempeño: Secuencia de imágenes
Este examen sirve para determinar el nivel de comprensión de las situaciones y la relación entre causa y efecto. El examinador le pide que ordene una secuencia desordenada de imágenes para conformar una historia. Por ejemplo, un dibujo de una alberca con agua que salpica, un hombre en el borde de un trampolín y un hombre secándose con una toalla.

Examen de desempeño: Diseño con bloques
Para examinar su habilidad espacial y su coordinación ojos-manos, le piden que construya modelos con bloques, copiando el modelo que le muestran en una ilustración.

Examen de desempeño 4: Construcción de objetos
Este examen sirve para medir habilidades similares a las de la prueba anterior. Le piden que junte las partes de un objeto, una casa, por ejemplo, y la construya. Se le indica cuáles son los primeros dos objetos que construirá pero en los dos siguientes tendrá que descubrirlo por sí mismo.

Examen de desempeño 5: Codificación
Esta es una prueba rápida de la coordinación muscular fina de su hijo y su habilidad para aprender tareas nuevas, así como para sustituir números por símbolos. Por ejemplo, le dan un código en el que algunas figuras o números están relacionados con signos; su hijo debe poner el signo correcto cuando le muestren la figura o el número correspondiente.

Cómo se calcula el coeficiente intelectual
Tomando en cuenta la edad de su hijo, la escala de resultados se calcula para cada uno de los exámenes en un rango de cero a 20 (a veces de cero a 19), en donde el promedio de cada examen es 10. Se suman los resultados, exceptuando las secuencias, y por medio de fórmulas estadísticas, se convierten en el coeficiente intelectual verbal y el coeficiente intelectual de desempeño. El coeficiente intelectual completo es una conversión estadística

de la suma total del resultado de todos los exámenes, tanto verbales como de desempeño, exceptuando otra vez las secuencias. Casi todas las personas tienen un coeficiente intelectual total entre 90 y 109 (consulte el siguiente diagrama). En la actualidad, hablar de niveles o coeficientes de inteligencia ha perdido popularidad en algunos sectores, pero en realidad no hay otra manera objetiva de definir lo que se puede esperar de un niño, y es muy útil para decidir si el pequeño debe acudir a escuelas de educación especial o no.

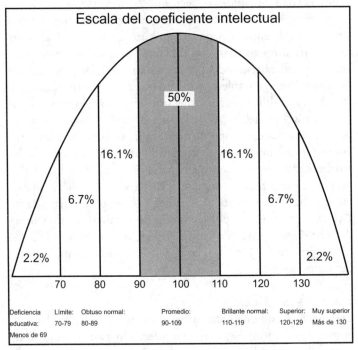

Esta escala muestra el porcentaje de puntos que corresponde a cada rango de coeficiente intelectual. La mitad está en el rango promedio, con un coeficiente intelectual entre 90 y 109.

Examen de lectura

El psicólogo le aplicará a su hijo un examen de lectura entre varios existentes. El que yo uso se llama "Análisis Neale de habilidad de lectura". Primero, le pido al niño que lea en voz alta un texto, y después le hago preguntas de comprensión para que me responda de manera verbal. Este examen dura de diez minutos a media hora, dependiendo hasta dónde llega el niño.

Es probable que el "Análisis Neale" sea el examen de lectura más útil, pues proporciona no sólo la edad de lectura de un niño, sino que también indica la edad de comprensión de lectura y la edad de rapidez de lectura.

Existen numerosos exámenes que también son muy eficaces. En algunos de ellos, le pedirán a su hijo que lea en voz alta una lista de palabras aisladas, con dificultad progresiva; en otros, el pequeño deberá responder por escrito una serie de preguntas de comprensión, o completar palabras que faltan en un texto.

Cuando califica el trabajo, el psicólogo no sólo presta atención al nivel de habilidad de lectura de su hijo, sino que también se interesa en el tipo de errores que comete. Si a menudo confunde palabras de apariencia similar, olvida el final de las palabras, no puede encontrar la parte que está leyendo, lee dos veces la misma frase o renglón, revuelve el orden de las sílabas en una palabra, cambia el lugar de las letras en una palabra ("clama" por "calma", por ejemplo), lee palabras de atrás hacia delante ("nos" en vez de "son", "la" en vez de "al"), o lee mal letras como la "b" y la "d" o la "n" y la "u", estos son indicadores definidos de dislexia.

Examen de ortografía

De nuevo, existe una gran variedad de exámenes entre los que el psicólogo puede elegir el más adecuado para su hijo. Casi todos ellos están diseñados para descubrir el nivel de ortografía de su hijo y se aplican a través de dictados. Utilizo el "examen Midland" de ortografía porque es poco común para los maestros de escuela, lo que implica que, probablemente las palabras empleadas en el examen no han sido practicadas antes. Dicto grupos de cinco palabras, una a la vez, y cada grupo de palabras es más complicado que el anterior. La edad de escritura del niño se calcula por el nivel de palabras correctas que escribe antes de fallar en tres palabras continuas en el nivel superior. Este examen toma entre cinco y diez minutos.

Otros exámenes de ortografía requieren que el pequeño tenga entre ocho y diez errores para que el examen termine. Casi todos los exámenes de ortografía presentan palabras de dificultad progresiva, como el "examen Midland", aunque algunos no se concentran en determinar la edad de ortografía del niño, sino en encontrar las áreas particulares en las que su hijo tiene dificultades.

Exámenes de secuencias

Los niños disléxicos, como mencioné en el capítulo 3, a menudo tienen problemas para colocar las cosas en el orden correcto, de manera que el examinador aplicará varias pruebas breves para observar si su hijo tiene dificultades en este sentido. Es posible que le pida repetir series de números hacia delante o en orden inverso, memorizar figuras y reproducirlas en cierto orden, recitar el alfabeto, los meses del año o las tablas de multiplicar.

Exámenes de confusión direccional

Como se dijo anteriormente, casi todos los disléxicos confunden la izquierda con la derecha, arriba con abajo, etcétera. El examinador le pedirá a su hijo que se toque la pierna o la oreja derecha, que toque su ojo derecho con la mano izquierda, que camine por la sala y dé vuelta a la izquierda o a la derecha, y que señale el lado izquierdo o derecho de una persona sentada frente a él. Si su hijo tiene confusión direccional, estos exámenes lo pondrán de manifiesto.

Exámenes para descubrir su mano y ojo preferidos

Esto es importante, porque muchos de los problemas típicos de la dislexia son el resultado de tener la mano preferida o dominante en el lado contrario al ojo dominante. Las personas que son diestras tienen una tendencia natural a escribir de izquierda a derecha, mientras que los zurdos tienden a escribir de derecha a izquierda. Los diestros tienen la tendencia natural de revisar una página de izquierda a derecha, y los zurdos prefieren revisarla de derecha a izquierda. Si usted es lo que se llama un "lateral cruzado", es decir, diestro manual pero zurdo visual o viceversa, es obvio que tendrá cierto grado de confusión entre la dirección en que su mano quiere escribir y la dirección en la que su ojo quiere leer. El cerebro de casi todas las personas aprende a conciliar de manera exitosa esta conflictiva información, y por eso no todas las personas laterales cruzadas son disléxicas. Sin embargo, alrededor de 45% de los disléxicos son laterales cruzados.

Saber que su hijo escribe con la mano derecha no necesariamente implica que su hijo sea diestro. Si es ambidiestro, es probable que tenga una mano dominante, digamos la derecha, para tareas que requieren el uso de una sola mano, como escribir, pero puede realizar con la izquierda acciones que se pueden hacer con ambas manos, como comer o jugar golf. De esta manera, durante el examen le pedirán que realice una serie de tareas simples, tanto con una sola mano, como escribir o recortar con tijeras, por ejemplo, como con las dos manos, como repartir naipes o destapar un frasco. Si realiza todas las tareas con una mano, y esa mano es la más fuerte, tiene una clara preferencia por esa mano y, por lo tanto, no es ambidiestro.

En términos simples, el ojo preferido o dominante de su hijo es aquel que controla su visión, el que guía al otro ojo hacia todo lo que quiera ver. Es sencillo para el examinador averiguar cuál es el ojo preferido de su hijo: puede pedirle al pequeño que tome con ambas manos una tarjeta con una perforación en el centro, que la acerque con lentitud a su cara y mire a través de la perforación. El ojo que use para ver a través de la perforación, es el ojo preferido. O bien, puede pedirle que vea con ambos ojos abiertos, algún objeto en el suelo a través de un tubo del largo de su brazo. El examinador cubrirá cada ojo por turno.

Cuando se cubre el ojo preferido, el niño ve cómo el objeto parece desvanecerse, pero cuando se descubre el ojo preferido, el niño ve con claridad el objeto a través del tubo. También le pedirán a su hijo que vea a través de un telescopio o que apunte a un objeto con un rifle. Sin embargo el ojo preferido no necesariamente es el mejor, en términos de visión.

Historial del caso

Ningún examen está completo sin un historial detallado del caso. Esto ayuda al psicólogo a identificar posibles condiciones, además de la dislexia, que puedan ser significativas en las dificultades de lectura y escritura de su hijo o a tener una mejor idea de lo que podría haber causado la dislexia. Es posible que le pida detalles acerca de lo siguiente:

1. El nacimiento de su hijo y el embarazo.
2. Las edades en que su hijo desarrolló ciertas habilidades, como caminar, hablar, tomar un lápiz de manera correcta, etcétera.
3. Si algunos otros miembros de su familia han padecido problemas disléxicos, defectos del lenguaje o cualquier otra enfermedad; o bien, si hay zurdos o ambidiestros en la familia.
4. Si ha notado algo extraño o preocupante en el comportamiento de su hijo.
5. Sus condiciones de vida en el hogar.
6. El desempeño escolar de su hijo.

Es buena idea llevar notas acerca de estos puntos para darle al psicólogo la mayor información posible. Incluso aquellos detalles que usted no considera significativos son importantes, pues podrían ser claves determinantes.

Los exámenes descritos hasta el momento conforman la base de un estudio profundo para diagnosticar la dislexia. Existen otros que también se podrían aplicar, dependiendo del estilo de trabajo del examinador y del desempeño de su hijo.

Exámenes que a veces se aplican para evaluación

Redacción de tema libre
Si su hijo es disléxico, una redacción de tema libre de cinco minutos, sin que el examinador le asigne un tema (a menos que su hijo sea incapaz de escoger uno), revela muchos errores que podrían no haberse detectado en el examen regular de ortografía que se mencionó antes. Aunque en el examen previo de ortografía el niño haya confundido la "b", la "d" y la "p", o escrito las letras en desorden o las palabras exactamente como suenan, o escribió palabras sin sentido, este examen de redacción le proporcionará al examinador una visión más amplia de sus dificultades disléxicas. Éste revela deficiencias en la puntuación, en la estructura de las frases, en gramática, en caligrafía y su habilidad de mantener las palabras en línea recta en un papel sin rayas. Es un examen opcional, pero me parece muy útil y casi siempre le pido al niño que lo realice.

Exámenes de percepción visual y auditiva
Están diseñados para saber de qué manera interpreta el cerebro las imágenes y sonidos que el niño percibe. Aunque su vista y oído pueden ser perfectamente normales, el pequeño puede tener dificultades para encontrarle sentido a lo que ve y oye. Me gusta aplicar estos exámenes en cada valoración, ya que toman alrededor de diez minutos, pero algunos psicólogos prefieren no hacerlo, a menos que el desempeño o el comportamiento del niño sugieran que es necesario.

La percepción visual de su hijo se examina de varios modos, pero lo más probable es que le apliquen alguna prueba de copiar figuras, como la prueba Bender-Gestalt. En ésta le mostrarán una serie de tarjetas y le pedirán que copie nueve diseños simples formados por líneas o puntos.

También revisarán su percepción de las palabras de la siguiente manera. Para evitar que lea los labios, el examinador se coloca a espaldas del niño y lee una lista de veinte o cuarenta pares de palabras; algunas son diferentes pero de sonido similar (como "casa" y "taza") y otras se repiten. Después de decir las palabras, le preguntan a su hijo si las palabras son iguales o diferentes, aunque también pueden pedirle que escriba las palabras. Si un niño de seis años comete más de cinco errores en una prueba exclusivamente verbal de veinte pares de palabras, o un niño de siete años tiene más de cuatro errores, el psicólogo puede pedirle a su hijo que realice un examen especial, para asegurarse de que no tiene problemas de audición.

Examen de coordinación física

Si durante los exámenes anteriores el psicólogo detecta que su hijo no tiene buena coordinación, es seguro que decida revisar de manera sistemática su coordinación física general. Las pruebas Oseretsky se usan en todo el mundo y me parece que son las que proporcionan resultados más fidedignos. Fueron desarrolladas por el psicólogo ruso del mismo nombre en 1923 y Robert H. Bruininks las adaptó para usarlas en Occidente, por lo que ahora se conocen como las pruebas Bruininks-Oseretsky de coordinación motora. Estas pruebas miden la madurez de la coordinación física de su hijo, por medio de paquetes de seis pruebas que se evalúan de acuerdo con la edad de la persona examinada. Cada paquete consta de:

1. Equilibrio del cuerpo, de pie.
2. Una prueba de coordinación fina, por ejemplo, usar las manos para tocar la punta de la nariz con los ojos cerrados.
3. Una prueba de coordinación del movimiento del cuerpo, con saltos de diferentes alturas y longitudes.
4. Una prueba de rapidez con ambas manos, como colocar monedas en una caja.
5. Movimientos simultáneos con ambas manos, como hacer

movimientos en el aire con los dedos índices extendidos y los brazos a los lados.

6. Ver cómo funciona un lado del cuerpo al realizar un movimiento y compararlo con el otro lado, por ejemplo, cerrar un puño y después el otro.

Si su hijo no puede realizar ninguna de las seis pruebas en el paquete correspondiente a su edad, se le aplica el paquete de pruebas para una edad inferior, hasta que supere de manera correcta todas las pruebas. De igual modo, si realiza en forma adecuada las pruebas correspondientes a su edad, se le aplican las del siguiente nivel superior de edad. Después, el psicólogo determina la "edad motora", que se compara con la edad mental, la edad de lectura y de escritura de su hijo obtenidas de las pruebas anteriores, así como con la edad cronológica del pequeño.

Las pruebas Oseretsky se realizan en un cuarto de hora, aproximadamente. El otro examen que se aplica con regularidad es la prueba Stott de paridad motora, que fue desarrollado en Canadá como una versión refinada de la prueba Oseretsky. Si su hijo tiene grandes dificultades con estas pruebas, tal vez deba ser examinado con mayor profundidad por un neurólogo pediatra, que se especializa en el funcionamiento del cerebro infantil.

Ahora veremos los exámenes que el psicólogo tal vez quiera realizar un poco más adelante. Estos exámenes requieren equipo especial que, por lo general, no está disponible fuera de hospitales y unidades especializadas. Es obvio que el psicólogo requerirá de más tiempo para poder dar a conocer los resultados de las pruebas.

Exámenes que pueden necesitarse después

Exámenes de la vista

Es importante revisar la vista de su hijo si el psicólogo lo cree necesario. Casi todos los niños ya han sido revisados de la vista cuando se les pide que lean letras cada vez más pequeñas en una pantalla luminosa colocada a distancia. Esto indicaría si el niño tiene problemas de visión, pues no habría podido leer con claridad las letras.

Sin embargo, muchos padres se sumergen en una falsa sensación de seguridad después de este examen de rutina, cuando les dicen que los ojos de sus hijos están "bien", pero existen muchos otros problemas que pueden conducir a las dificultades de lectura, y que no se revelan en estas pruebas. Por ejemplo, su hijo puede ver con toda claridad de lejos pero no de cerca, como las letras en un libro. O puede haber una falla en la manera en que sus ojos convergen al mirar un objeto cercano, de modo que desenfoca el punto en el que intenta concentrarse. Si sus ojos han funcionado así desde su nacimiento, tal vez él no sepa que lo que mira está desenfocado, porque nunca ha visto con claridad a esa distancia. Para él, su visión borrosa es normal y piensa que las demás personas ven igual.

Incluso, aunque el enfoque de su hijo no sea algo tan serio, si sus ojos no convergen de manera perfecta en la página del libro que intenta leer, será propenso a leer las letras "p" como "q", leerá las palabras al revés ("las" como "sal"), se saltará palabras del renglón, perderá el sitio donde estaba leyendo o no encontrará la primera palabra en el siguiente renglón. Si además carece de control en el músculo del ojo, tendrá dificultades para leer palabras sucesivas en una línea impresa, debido a que sus ojos vagan por la página. Como resultado de todos estos problemas físicos con su visión, no entiende lo que lee y da la impresión de ser disléxico (consulte el capítulo 9).

Si el psicólogo que realiza la valoración sospecha que las dificultades de lectura de su hijo se deben a fallas visuales, le recomendará hacer una cita con un especialista en visión, un oftalmólogo u optometrista, que se especialice en la coordinación de movimientos de los ojos y que tenga un interés particular en el desarrollo de los ojos durante la infancia. El optometrista revisará varios aspectos de la visión de su hijo con algunas pruebas, entre ellas, la prueba Dunlop, que muestra si tiene una referencia fija para la lectura, sin la cual el niño probablemente lea las palabras con las letras o las sílabas en desorden. En esta prueba en particular, se le pide al niño mirar una ilustración a través de un aparato llamado amblioscopio, que tiene un tubo para cada ojo. Si al realizar la prueba, que toma alrededor de veinte minutos, el optometrista confirma las sospechas del psicólogo, le recomendará llevar al niño con un oftalmólogo, quien le indicará la mejor manera de corregir la visión de su hijo, ya sea con anteojos, lentes de contacto, con ejercicios o tal vez parchando un ojo mientras ejercita la lectura. Sin importar el tratamiento que se defina, es posible que ayude en gran medida a su hijo con sus dificultades de lectura.

Prueba de audición

Si después de realizar la valoración original el examinador piensa que la percepción de sonidos hablados de su hijo no es tan buena como debería, seguramente le recomendará un hospital con el equipo especial necesario para hacer un examen de audición. Esto se hace para eliminar la posibilidad de una pérdida de la capacidad auditiva, lo cual podría afectar su capacidad para identificar sonidos de alta frecuencia como /f/, /s/, /sh/, /j/ o /ch/. Ésta puede ser una razón de por qué su hijo no es capaz de distinguir las palabras, por ejemplo "fuerte" de "suerte", o "juego" de "fuego".

La prueba dura media hora, aproximadamente. A través de unos audífonos su hijo escuchará al azar una selección de tonos con diferentes frecuencias, que van de muy bajas a muy altas. El niño sólo tiene que indicar cuando escuche un tono. Si no oye los tonos que se encuentran en el rango de audición normal, lo enviarán con un especialista de audición.

Dependiendo de qué tan significativa sea la pérdida de capacidad auditiva de su hijo, el especialista puede recomendar el uso de algún aparato para mejorarla o, simplemente, recomendar que se siente al frente del salón de clases. Si la pérdida de audición se debe a una congestión del oído medio, tal vez sea necesario practicar una operación menor para drenar el oído y, después, insertarle unos pequeños tubos de plástico en el tímpano para facilitar el drenaje continuo, hasta que el problema se resuelva por completo. Después, se retirarán los tubos de plástico y el tímpano estará sano de nuevo.

Examen para descubrir su oído preferido
Así como casi todas las personas son zurdas o diestras y tienen un ojo dominante, también son zurdas o diestras de oído. El oído preferido para los no disléxicos es el derecho, en cuanto a las palabras, y el izquierdo para los sonidos no verbales, como la música o las hojas que caen. El psicólogo tal vez quiera saber cuál es el oído preferido de su hijo, porque este dato le proporciona claves importantes para definir cuál lado del cerebro está más involucrado con el lenguaje.

Casi todas las personas emplean el oído derecho para la comunicación verbal, la cual es interpretada por el hemisferio izquierdo del cerebro, el cual los especialistas reconocen como la zona más apta para procesar el lenguaje y las ideas. Entre 45 y 60% de los disléxicos son zurdos de oído o usan ambos lados, lo cual implica que el hemisferio derecho interpreta la mayor parte del lenguaje. Esto puede conducir a dificultades de lectura y escritura, porque el lado derecho del cerebro es mejor para tareas prácticas y mecánicas, como la coordinación física, que para tareas lógicas, como construir una idea a través de palabras, o interpretar letras o sonidos verbales.

De nuevo, las pruebas que podrían usarse para definir el oído preferido de su hijo, llamadas "Pruebas dicóticas de audición", requieren de equipo especial; por eso, si el psicólogo lo considera conveniente, le recomendará la clínica apropiada. A pesar de su rimbombante nombre, los procedimientos utilizados en ellas resultan sencillos para su hijo. Le entregarán unos audífonos: en uno de ellos, el niño escuchará una serie de números al azar, en grupos de tres (1, 9, 5; después, 3, 1, 7, etcétera). Al mismo tiempo, por el otro audífono, el niño escuchará la misma voz, con el mismo volumen, diciendo grupos de tres números diferentes de los otros (2, 4, 9; después, 6, 5, 8, etcétera). Después de cada grupo de números, le pedirán que repita en voz alta lo que ha escuchado. El niño tiende a repetir los números que ha escuchado con su oído preferido para la comunicación verbal, en vez de los que escuchó con el otro.

Como mencioné al principio de este capítulo, ésta no es una lista exhaustiva de todas las pruebas que podrían aplicarle a su hijo, pero cubre las más frecuentes. Una vez que el psicólogo tiene los resultados de los exámenes especiales que solicitó después de su valoración inicial, podrá compararlos con sus propias observaciones y elaborar un diagnóstico, el cual debe incluir una descripción detallada del tipo de enseñanza que su hijo necesita y las áreas de dificultad que encuentra, así como las sugerencias para superarlas. Si su hijo es en realidad disléxico, entonces su prioridad será tomar las medidas necesarias para que reciba la enseñanza especializada de recuperación para su problema. Este es el punto que quiero explicar ahora.

Capítulo 7
¿QUÉ TAN EXITOSA ES LA ENSEÑANZA ESPECIALIZADA?

¿Quién la proporciona?

Ya describí en el capítulo 4 los modos en que padres y maestros pueden asegurarse de que un niño con dislexia reciba la enseñanza especializada de recuperación. Como una breve recapitulación, debe tener presentes cuatro puntos importantes:

1. Muchas escuelas, tanto privadas como públicas, promueven que maestros especializados acudan a la escuela para dar lecciones a los niños con dificultades en lectura y escritura.
2. Dependiendo de dónde viva, la autoridad educativa local puede orientarle para que su hijo sea atendido en una clínica especializada en dislexia.
3. Debe haber un maestro calificado en enseñanza para disléxicos entre el personal de la escuela (ésta es la tendencia más común en los Estados Unidos).
4. Usted puede organizar tutorías privadas con un maestro especialista recomendado por el psicólogo o consejero escolar que diagnosticó a su hijo, el médico familiar, su asociación local de dislexia, la escuela de su hijo o amigos con hijos disléxicos.

Existen aspectos a favor y en contra de lo anterior. Si su hijo recibe tutoría especializada en la escuela, la ventaja es que no perderá tiempo en sus estudios y las sesiones pueden programarse de manera que su trabajo escolar se interrumpa lo menos

119

posible. Por otra parte, si recibe lecciones en un centro especializado, podría darles a ustedes, los padres, la oportunidad de acompañarlo y participar de manera activa en la terapia. Cuando esto último es posible, los niños tienen un progreso mucho más evidente, según he podido observar. Además su hijo aprenderá a leer y escribir en un ambiente donde no se sentirá diferente entre sus compañeros.

Un consejo: al momento de organizar los horarios de clases en una segunda escuela, se debe evitar que las clases especiales de regularización interfieran con alguna otra actividad en la que su hijo tenga especial interés, pues sentirá aversión a ellas y las verá como una molestia que le impide hacer lo que le gusta.

De manera oficial, no existe un profesional que sea terapeuta de la dislexia. Los profesores especialistas son profesionistas de otras áreas, por ejemplo, terapeutas del lenguaje, psicólogos o profesores regulares que obtuvieron una capacitación adicional en enseñanza para disléxicos. De manera que si usted piensa en alguna tutoría privada, es esencial que investigue en dónde recibió su preparación, por cuánto tiempo y qué resultados ha obtenido el maestro hasta el momento. Las asociaciones locales de dislexia y los psicólogos deben proporcionarle toda la información necesaria.

¿Para qué sirve la enseñanza especializada?

Es obvio que un método específico de enseñanza especializada no necesariamente satisface las necesidades de todos los niños disléxicos, por eso, los maestros y terapeutas deben dominar varias técnicas para atender todas las dificultades de lectura de cada niño. Sin embargo, la asesoría fonolingüística y todas las líneas estructuradas para maestros de escuela que describí en el capítulo 5, han demostrado su eficacia en prácticamente todos los centros donde se han utilizado para enseñar a niños disléxicos.

Este tipo de terapia orientada a disléxicos no supone conocimientos previos en el niño, a menos que se le hayan transmitido de manera específica, por lo que puede compararse con la enseñanza de un idioma a un extranjero. Incluso si el pequeño demuestra alguna comprensión de lectura y escritura, el especialista debe revisar este conocimiento desde el principio para asegurarse de que no haya lagunas de información que pudieran socavar los conocimientos elementales. No sólo se trata de llevar con mucha lentitud al disléxico por el camino de las habilidades lingüísticas, sino de proporcionarle una ruta lógica, sistemática y profunda en donde todo tenga sentido y en donde su mente alerta encuentre la lógica y la utilice.

Los métodos escolares usuales de enseñanza para lectura y escritura, que son adecuados por completo para casi todos los niños, no funcionan para los disléxicos y no hay manera de que el niño disléxico aprenda a escribir una lista de palabras con patrones de gramática en los que no encuentra relación alguna. Tal vez pueda recordar algunas para un examen al día siguiente, pero es seguro que no recordará su gramática por mucho tiempo más, a menos que tenga un conocimiento muy afianzado de la fonética el cual le proporcione algunas claves, es decir, el sonido de cada letra y de las combinaciones de las letras.

La terapia fonolingüística está diseñada para afianzar ese conocimiento, pues le enseña las técnicas de ortografía que casi todas las personas simplemente dan por hecho. Por ejemplo, supongo que usted no tiene que pensar mucho el hecho de que la letra "c" se pronuncia /s/ cuando se antepone a una "e" o una "i" como en "cielo" o en "cereza". Usted no piensa en ello porque no tiene que hacerlo, lo ha asimilado de manera natural sin necesidad de analizarlo, pero es necesario explicar este principio a un disléxico. Esto puede sonar demasiado complicado, pero para los disléxicos la lectura y escritura no sólo "suceden", sino que necesitan que se les enseñe de un modo científico, en donde cada paso quede claro y se vuelva comprensible.

Además de la enseñanza especializada en lectura y escritura, la terapia especializada debe proporcionar ayuda, cuando sea necesaria, en matemáticas, confusión direccional, leer la hora y en todas las áreas problemáticas típicas de la dislexia.

¿Qué tan eficaz es la enseñanza especializada?

En un estudio realizado por la Bangor University, al norte de Gales, el profesor Tim Miles y yo descubrimos que la terapia orientada a la dislexia que se proporcionaba en tres centros diferentes era más eficaz que las clases de recuperación de lectura y escritura en las escuelas, que no está diseñada de manera específica para disléxicos, sino para lectores deficientes en general, incluyendo aquellos con bajo coeficiente intelectual.

Antes de tomar tratamiento, los chicos disléxicos se habían retrasado desde el principio de su vida escolar y tenían un promedio de entre dos y dos años y medio de retraso en sus habilidades lingüísticas. En los centros de dislexia, el promedio de avance en habilidades de lectura y escritura en los alumnos fue de dos años por cada año de tratamiento. Estos resultados sugieren que casi todos los disléxicos pueden necesitar alrededor de dos años de este tipo de enseñanza para alcanzar un nivel aceptable.

Por lo general, una vez que lo han conseguido no se retrasan de nuevo, por lo que no necesitan más enseñanza especializada, aunque recibir ciertos cursos de repaso antes de presentar exámenes importantes podría serles de ayuda. Por supuesto, esta es una generalización que tal vez no aplique en todos los casos, pero le puede dar una idea del tiempo que se requiere.

Los efectos que la enseñanza especializada en fonolingüística tiene en los disléxicos se ilustran mejor al observar el tipo de progreso que se puede obtener. Esa es mi intención al incluir las siguientes historias, de alumnos cuya dislexia fue atendida en nuestra clínica. No todos los niños van a responder tan bien como ellos, pero habrá progresos a menos que existan razones definitivas que lo impidan.

Cuatro historias de éxito

He preferido mostrar los avances logrados por estos cuatro pequeños porque representan el amplio espectro de la dislexia.

A pesar de que cada uno de ellos tiene un tipo diferente de dislexia, todos respondieron bien al método de enseñanza especializada fonolingüística, que se caracteriza por ser estructurada y multisensorial. Espero que los padres de niños recientemente diagnosticados con dislexia encuentren aliento en estos historiales. Como usted verá, al momento de su evaluación, la escritura y lectura de estos niños estaba muy por debajo de las expectativas y, en la etapa final de los programas de recuperación, habían logrado avances importantes y podían realizar trabajos escritos aceptables.

Antes de leer estos historiales clínicos, le recomiendo leer la información sobre las pruebas de diagnóstico que se describen en el capítulo anterior, en caso de que haya decidido saltárselo, pues menciono en detalle los resultados de las pruebas que aplicamos a estos niños. Esta es la mejor manera de proporcionarle la imagen más clara posible de su dislexia.

Denis: dislexia heredada o adquirida

Antecedentes
Denis provenía de una familia muy letrada, sus padres fueron lectores de nivel universitario que no tenían historial de dificultades en lectura y escritura. Parece que su dislexia se debía a un problema de desarrollo en el vientre materno o a un pequeño daño cerebral al momento de nacer. Nació doce días después de la fecha programada y la labor de parto fue muy ardua. Denis fue un bebé enorme de 4.5 kilogramos con cabeza grande, pero no se le encontró nada anormal cuando su madre y él salieron del hospital, dos semanas después. Todas sus facultades se desarrollaron con normalidad, a excepción de que empezó a hablar más tarde de lo normal. A la edad de cuatro años, sólo hablaba con sílabas simples como "bo" para "botella".

Cuando empezó a asistir al colegio a los cinco años, todavía hablaba de manera incomprensible. Es obvio que no podía leer ni escribir y, como era torpe, era rechazado por los otros niños porque obstaculizaba sus juegos. Denis era muy infeliz y lloraba todas las mañanas antes de ir a clase. Terminó por desarrollar una fobia a la escuela y sufría frecuentes dolores de cabeza y estómago, por lo que se le permitía quedarse en casa.

A los seis años lo llevaron con un psiquiatra escolar debido a sus dificultades de aprendizaje y su progresivo comportamiento agresivo. Un año más tarde fue atendido por un pediatra, quien les dijo a sus padres que era un niño torpe y tímido, pero que no se preocuparan, pues podría superarlo al crecer.

Diagnóstico

A la edad de diez años, y todavía sin poder leer, Denis llegó a la clínica de dislexia del Hospital St. Bartolomew. Nuestra evaluación reveló que era disléxico, sin duda alguna.

Denis era lateral cruzado, en otras palabras, era zurdo, pero diestro de visión, lo cual implicaba que tuviera dificultades para seguir un renglón de izquierda a derecha. Era zurdo de oído para sonidos verbales, lo que sugiere que el área de lenguaje no estaba situada en el hemisferio izquierdo del cerebro, la mejor mitad para comprender palabras e ideas. Tenía poco control del lápiz y no podía sostenerlo con tres dedos, como casi todas las personas. Sus movimientos eran poco precisos, se tropezaba a menudo y tiraba objetos. Su maestro de escuela se quejaba de que no aprendía porque perdía el tiempo recogiendo sus cosas del suelo. Era muy sensible a las voces fuertes y agresivas, por lo que no respondía a los maestros que le gritaban una y otra vez.

Denis no podía leer la hora y su concepto del tiempo en general era bastante pobre. Pero era obsesivo al respecto, pues nunca sabía cuánto tiempo le tomaría cumplir una tarea. Tenía también grandes problemas para vestirse, pues se colocaba los zapatos en el pie incorrecto, la ropa al revés, abrochaba los botones en ojales equivocados, tenía la corbata desanudada y las agujetas sin nudo. Tenía dificultades para copiar del pizarrón e incluso, de un libro.

Su vocabulario todavía no alcanzaba el nivel esperado en un niño de diez años. Cuando se le pedía describir un objeto, sus respuestas eran vagas y sin estructura. Le resultaba muy difícil ordenar sus ideas, por lo que a menudo interrumpía su conversación con frases como: "¿En qué iba?" o "¿Qué estaba diciendo?" Tenía otros problemas de secuencia, como no poder recitar el alfabeto, los meses del año, las tablas de multiplicar o el orden normal de los eventos diarios.

Se valoró su coeficiente intelectual con la escala Wechsler de inteligencia infantil (WISC) descrita en el capítulo anterior. Sus resultados se ubicaron dentro del promedio, sin diferencias significativas en el área verbal, no verbal, de desempeño o habilidad, que estuvieron dentro del rango normal.

Pruebas verbales	*Escala de resultados sobre 20* *(Promedio 10)*
Información	13
Comprensión	10
Aritmética	9
Semejanzas	12
Vocabulario	13
(Secuencias)	(5)

Pruebas de desempeño	*Escala de resultados sobre 20* *(Promedio 10)*
Completar imágenes	10
Secuencia de imágenes	10
Diseño con bloques	10
Construcción de objetos	11
Codificación	3

Coeficiente intelectual verbal	109	
Coeficiente intelectual de desempeño	92	Promedio 100
Coeficiente intelectual integrado	101	

Otros exámenes revelaron que Denis tenía dos años de retraso con respecto a su edad en coordinación física, y cuatro años

125

menos en percepción de sonidos verbales, copiado de figuras, lectura y ortografía. Puede ver en la figura 1 sus respuestas en el examen Midland de ortografía. Pudo escribir de manera correcta tres palabras que le dictaron, en un nivel de habilidad de cinco años, pero sólo pudo escribir pocas palabras de tres letras en el nivel de seis años. Algunas letras estaban escritas en espejo.

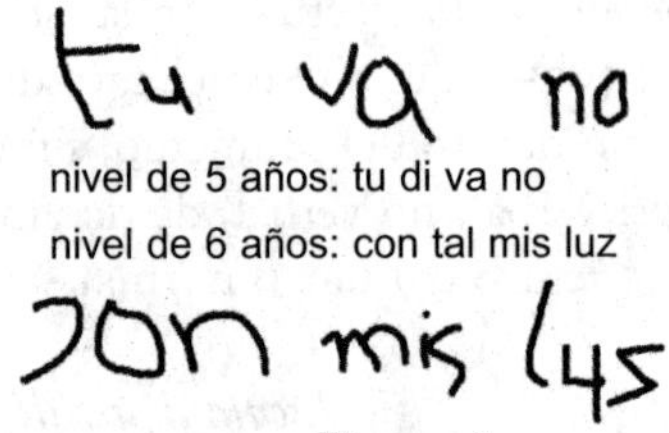

$$tu\ va\ no$$

nivel de 5 años: tu di va no
nivel de 6 años: con tal mis luz

$$Jon\ mis\ l4s$$

Figura 1

El progreso con nuestro programa
La figura 2b es un ejemplo del trabajo de Denis antes de acudir a nuestra clínica. Intentaba copiar lo que la maestra había dibujado y escrito en el pizarrón, lo cual demuestra que no sólo tenía problemas con las palabras escritas, sino que también se le dificultaba copiar figuras.

plato   **trompo**

Figura 2a *Lo que la maestra dibujó en el pizarrón para copiar.*

126

Figura 2b *El esfuerzo de Denis al copiar el modelo de la maestra.*

El siguiente ejemplo (figura 3) también corresponde al trabajo escolar de Denis antes de iniciar la terapia especial. Intentaba copiar un texto que la maestra había escrito para él. Se suponía que era un diario de lo que había hecho el día anterior, que sus compañeros escribieron por sí mismos y sin ayuda. Dice: *Martes Hoy vimos televisión.*

Figura 3

Denis se dio por vencido después de eso. Es evidente que no tenía idea de lo que estaba escribiendo, no podía leerlo y no entendía que las palabras deben tener un espacio entre ellas para saber en dónde termina una y dónde empieza la otra.

Lo que se ve en la figura 4 fue escrito después de seis meses de tratamiento. Denis estaba sorprendido al descubrir que

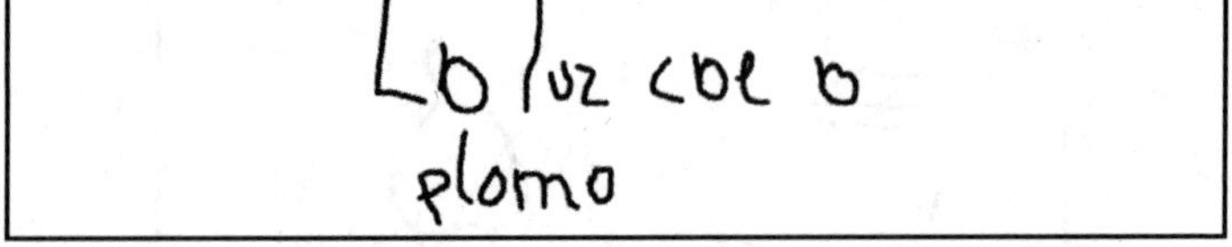

Figura 4

había una relación entre los sonidos de las palabras y las figuras que se escriben en el papel. Hasta ese momento, él pensaba que se trataba de adivinanzas y que él era un mal adivinador. Puede verse que seguía escribiendo la "a" en espejo pero, en definitiva, había captado la idea de que las palabras tienen patrones de sonidos y comenzaba a adquirir suficiente confianza para escribir palabras de manera coherente.

En la figura 5 se ve su trabajo después de 18 meses de tratamiento, cuando progresaba de manera sostenida en el programa de recuperación y aprendía las reglas de la letra silenciosa, es decir, el uso de la "h". En el ejercicio de escritura libre de la figura 5 todavía no controla la separación de las letras, pero su caligrafía ha mejorado bastante. En cuanto a la ortografía, apenas comete un par de errores, pues se puede ver en el resto del texto que ya comprende los patrones de escritura de la letra que se enfatiza. Denis también había aprendido puntuación, ponía punto final, coma, signos de exclamación y signos de interrogación; también aprendió a separar el texto en párrafos y a usar letras mayúsculas. Observe también los toques de humor que aparecen en su escritura, los cuales son un ejemplo de su cambio de actitud, no sólo acerca de su discapacidad, sino de la vida en general. En la actualidad tiene buen desempeño en la escuela y disfruta cada momento, incluso la clase de gimnasia, en la que era bastante malo. Se ha convertido en un excelente clavadista.

La escritura libre en la figura 6 fue realizada a la edad de 12 años y medio, después de dos años y medio de terapia especializada. La caligrafía de Denis es ahora más pequeña y fina, y su ortografía es más sofisticada. En ocasiones agrega u omite alguna letra, pero eso es todo. En este nivel del programa aprende

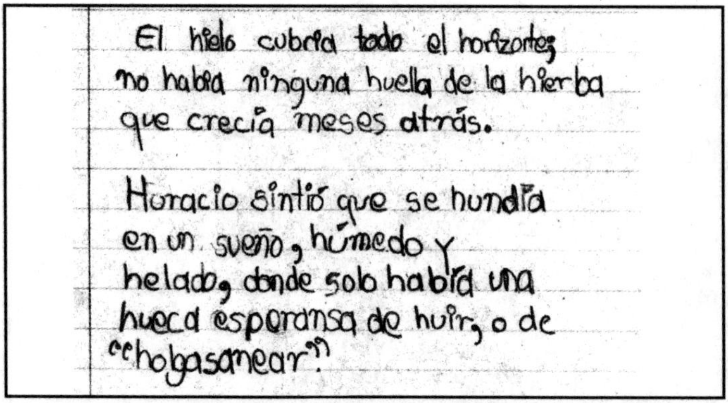

El hielo cubría todo el horizonte;
no había ninguna huella de la hierba
que crecía meses atrás.

Horacio sintió que se hundía
en un sueño, húmedo y
helado, donde solo había una
hueca esperanza de huir, o de
"holgasanear".

Figura 5

algunas excepciones a las reglas aprendidas. Denis prácticamente ya puede leer todo en este nivel.

El texto en la figura 7 fue escrito cuatro años después de haber llegado a nuestra clínica y es un extracto de un ensayo muy largo que hizo en su escuela acerca de la Primera Guerra Mundial. Denis usó un formato muy original al escribirlo como una carta de un soldado alemán a otro. Denis ya había terminado su programa terapéutico pero me trajo la carta para enseñármela, pues le habían puesto diez de calificación y fue seleccionada como la mejor de la clase. Le habían pedido que la leyera en voz alta y le dieron una felicitación calurosa. No necesito decir que estaba muy complacido y que fue un logro maravilloso después de la gravedad de su padecimiento original. Parece que este punto fue definitivo: se dio cuenta de que tenía un buen cerebro y decidió utilizarlo a fondo.

Estaba claro que Denis era un chico mucho más inteligente de lo que se creyó en un principio. A la edad de 15 años, decidimos evaluar de nuevo su inteligencia y descubrimos que en cinco años su escala completa de coeficiente intelectual había subido de 101 a 130, colocándolo en el rango superior de inteligencia que ocupa el 2.2% de la población. Es muy raro que el coeficiente intelectual cambie unos pocos puntos a medida que

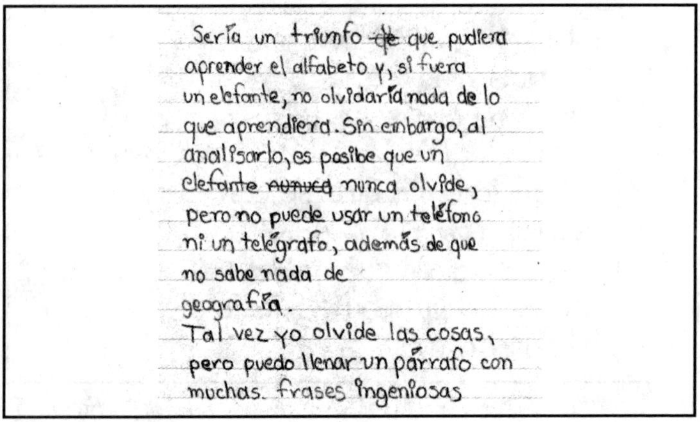

Sería un triunfo ~~de~~ que pudiera
aprender el alfabeto y, si fuera
un elefante, no olvidaría nada de lo
que aprendiera. Sin embargo, al
analizarlo, es posible que un
elefante ~~nunea~~ nunca olvide,
pero no puede usar un teléfono
ni un telégrafo, además de que
no sabe nada de
geografía.
Tal vez yo olvide las cosas,
pero puedo llenar un párrafo con
muchas frases ingeniosas

Figura 6

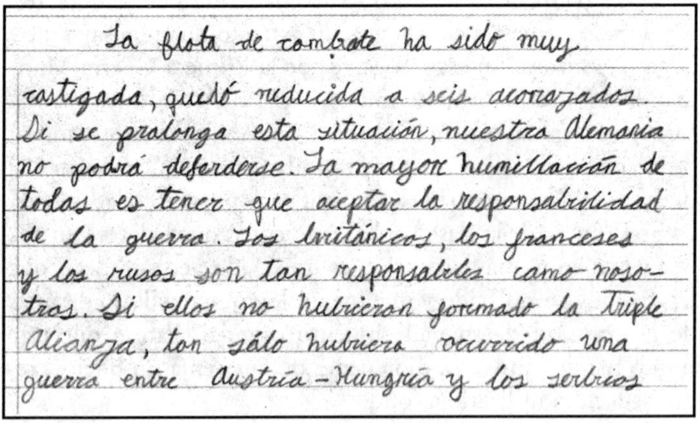

La flota de combate ha sido muy
castigada, quedó reducida a seis acorazados.
Si se prolonga esta situación, nuestra Alemania
no podrá defenderse. La mayor humillación de
todas es tener que aceptar la responsabilidad
de la guerra. Los británicos, los franceses
y los rusos son tan responsables como nosotros. Si ellos no hubieran formado la triple
Alianza, tan sólo hubiera ocurrido una
guerra entre Austria-Hungría y los serbios

Figura 7

el niño crece pero, en el caso de Denis, sólo podemos suponer que sus problemas emocionales entorpecían su desarrollo intelectual.

Resultado

Cuando cumplió 16 años, dos años después de haber terminado el programa de recuperación, Denis aprobó su primer examen público en las siguientes materias: lengua, lengua hablada, geografía, historia, biología, química, matemáticas y ciencias sociales. Dos años después, aprobó los exámenes preuniversitarios en economía y geografía y, al momento de escribir este libro, estudiaba la licenciatura en geografía.

Los ejemplos que usted ha visto de su escritura y ortografía muestran con claridad que la enseñanza especializada funcionó muy bien para Denis. Pero estoy convencida de que si sus padres lo hubieran llevado a la clínica a una edad más temprana, hubiéramos tenido logros más rápidos y una recuperación todavía más completa.

Thomas: típica dislexia heredada

Antecedentes

Thomas pertenecía a la clase trabajadora del este de Londres. Muchos de sus parientes cercanos habían padecido de retraso al aprender a leer, y no eran muy buenos en ortografía; además algunos de ellos eran zurdos. El embarazo y nacimiento de Thomas fueron normales y la única habilidad que tardó en desarrollar de bebé fue el habla. Antes de los cinco años no hablaba; en esa época sólo su madre podía entenderle. Empezó a mejorar poco a poco sin terapia, así que cuando llegó a la clínica del hospital St. Bartolomew, los problemas que aún experimentaba eran, por ejemplo, que a veces no sabía el nombre de las cosas o de las personas, y en ocasiones usaba palabras incorrectas en una conversación, como "competición en francés" en vez de "composición en francés".

Diagnóstico

Thomas fue enviado por su escuela estatal a la clínica, debido a su falta de progreso en lectura, escritura y ortografía; yo lo evalué tres meses antes de que cumpliera 13 años. Sus resultados en la prueba WISC de inteligencia (descrita en detalle en el capítulo anterior) mostraron que estaba en el nivel superior promedio de inteligencia, sin desequilibrio entre su habilidad verbal y no verbal.

Pruebas verbales	*Escala de resultados sobre 20 (Promedio 10)*
Información	8
Comprensión	17
Aritmética	10
Semejanzas	15
Vocabulario	10
(Secuencias)	(8)

Pruebas de desempeño	*Escala de resultados sobre 20 (Promedio 10)*
Completar imágenes	12
Secuencia de imágenes	10
Diseño con bloques	10
Construcción de objetos	12
Codificación	8

Coeficiente intelectual verbal	113	
Coeficiente intelectual de desempeño	103	Promedio 100
Coeficiente intelectual integrado	109	

Descubrimos que Thomas tenía un retraso de cuatro años en lectura, y de cinco años en ortografía. Otros exámenes mostraron que tenía la capacidad de un niño de siete años para distinguir palabras de sonido similar y que su capacidad para copiar figuras era de un niño de seis años y medio.

También descubrimos que era lateral cruzado, pues era diestro pero su ojo dominante era el izquierdo. No estaba seguro del orden del alfabeto, olvidó algunos meses del año, no podía recitar las tablas de multiplicar y revolvía sílabas en palabras largas.

Thomas era muy alto para su edad, pero era normal por completo, tanto en lo físico como en lo emocional. Cuando llegó con nosotros se mostró alegre y animoso, con excelente sentido del humor y tenía buena coordinación, de hecho, era un gran atleta. A diferencia de Denis en el caso anterior, parecía que su dislexia no había afectado su bienestar emocional.

Los ejemplos que siguen de su trabajo son mucho mejores que los de Denis, pues Thomas era dos años mayor y su edad de ortografía era de dos años y medio más avanzada. Sin embargo, muestran una mejora significativa desde el inicio hasta el final del tratamiento especializado.

Su progreso dentro de nuestro programa

La figura 8 muestra el trabajo de Thomas en la prueba Bender-Gestalt de copiado de figuras. A pesar de que estaba por cumplir 13 años, su resultado fue el esperado para un niño de 6 años y medio. Dibujó los objetos A, 1 y 2 hacia abajo, en lugar de hacerlo de manera horizontal en el papel. El objeto 3 perdió su forma, mientras que el 5 se compone de líneas continuas en lugar de puntos. Hay muchas ondas en el objeto 6 y aplanó los extremos de las figuras del objeto 7 porque las encimó mucho.

Thomas escribió las frases de la figura 9 al principio de su tratamiento. Como se puede apreciar, su caligrafía es inmadura. Al principio, aprendió a escribir con el modelo de "bolitas y palitos" y no pudo convertir las letras a manuscritas. La mayúscula en "Tom" está escrita como "j" mayúscula, y siempre utiliza la mayúscula cuando debía ser minúscula, como en "jet". No sólo muestra indicios de confusión entre la "b" y la "d" o en la forma de la "b" en "Sabía" y "estaba", sino que también puede verse cómo tiene dificultades para distinguir entre la "b" y la "p", como en las palabras "puede", "pelar" y "papas".

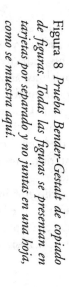

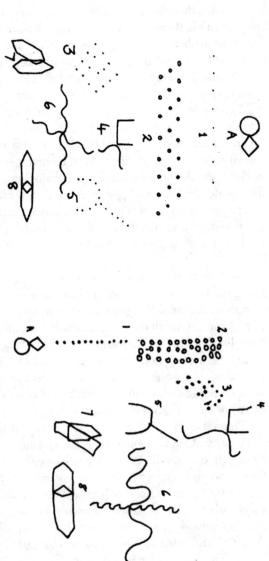

Figura 8 Prueba Bender-Gestalt de copiado de figuras. Todas las figuras se presentan en tarjetas por separado y no juntas en una hoja, como se muestra aquí.

El resultado de Thomas en la prueba Bender-Gestalt. Tome en cuenta que la relación entre las figuras no es importante, ya que se le mostraron por separado.

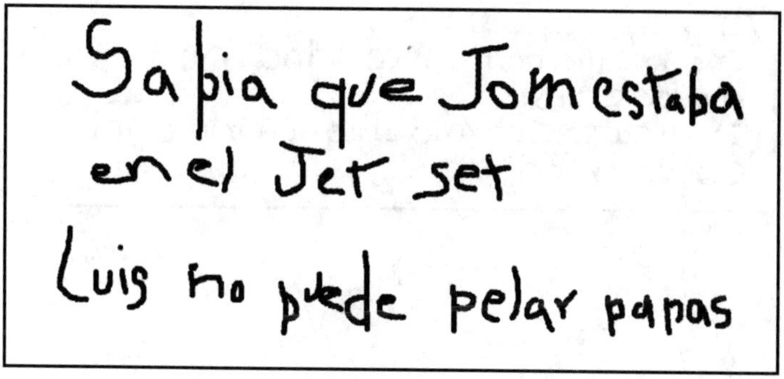

Figura 9

Escribió el texto de la figura 10 después de dos meses de recibir asesoría de recuperación. Thomas intenta unir las letras como la "t" en "gato" y "detrás", la "a" en "gato", "saltó" y "detrás", al igual que la "e" en "detrás". Sin embargo, el hábito de las letras de "bolitas y palitos" está muy afianzado a esta edad y se ha demostrado que es muy difícil de romper. En esta etapa también se acostumbra escribir "m" antes de "b", y "n" antes de "v".

Las frases en la figura 11 fueron tomadas del trabajo de Thomas después de nueve meses en el programa de recuperación. Las formas de las letras están más controladas y ha mejorado al mantener los renglones derechos. En este nivel practica las diferencias en la escritura de los sonidos "ce", "ci", "que" y "qui".

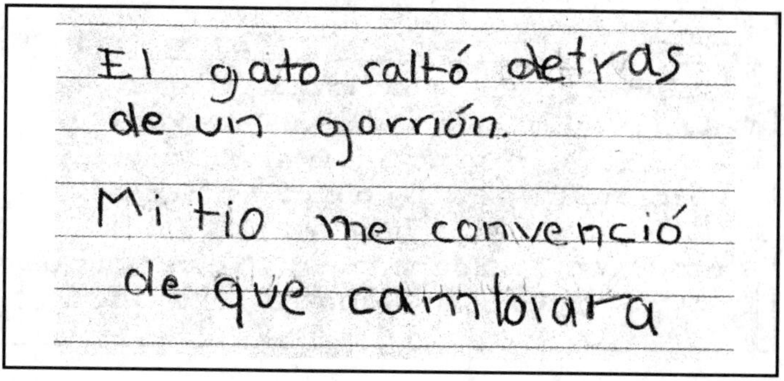

Figura 10

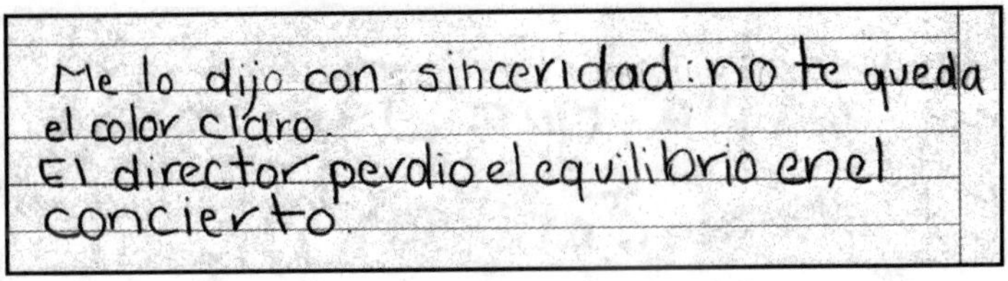

> Me lo dijo con sinceridad: no te queda
> el color claro.
> El director perdio el equilibrio en el
> concierto.

Figura 11

El resultado

El ejemplo final de la figura 12 fue escrito un año y medio después del ejercicio de la figura 11. Thomas ha progresado en la
escritura de ensayos, pero por desgracia se ha dado por vencido
para unir las letras en manuscrita. El cambio a las letras unidas
hacía que su trabajo se viera sucio. De vez en cuando todavía
comete errores disléxicos como "myu" en lugar de muy" y "pro-
que" en vez de "porque." Pero en general, Thomas tuvo logros
excelentes y su desempeño en la escuela superó las expectativas
de todos. Poco después de haber terminado el curso de dos años
en el hospital St. Bartolomew, recibí una carta de la madre de
Thomas, que decía:

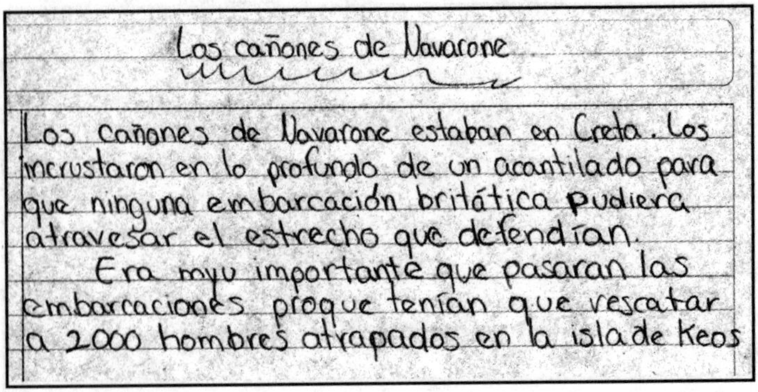

> Los cañones de Navarone
>
> Los cañones de Navarone estaban en Creta. Los
> incrustaron en lo profundo de un acantilado para
> que ninguna embarcación britática pudiera
> atravesar el estrecho que defendían.
>   Era myu importante que pasaran las
> embarcaciones proque tenían que rescatar
> a 2,000 hombres atrapados en la isla de Keos

Figura 12

Thomas ha logrado excelentes resultados y estamos muy complacidos con él. Nos encantó saber que había obtenido un premio por sacar las mejores calificaciones en los exámenes. Él lo toma con calma, pero nosotros lo hemos felicitado con entusiasmo. Estamos maravillados por la confianza que ha desarrollado en los últimos dos años. Disfruta las materias seleccionadas y trabaja muy bien.

Estas fueron muy buenas noticias, pero, al igual que en el caso de Denis, si hubiéramos podido darle una enseñanza apropiada a Thomas a una edad mucho más temprana, estoy segura de que hubiéramos podido pulir casi todos los problemas remanentes de su ortografía. Su futuro pudo haber sido más brillante de lo que es ahora.

Janice: poca aptitud verbal con altas habilidades visuales

Antecedentes

Janice proviene de una familia de clase media en la que existen numerosas historias de dislexia y muchos de sus familiares son zurdos. Todo fue perfecto en el nacimiento de Janice, por lo que se hace evidente que su dislexia fue heredada.

Al igual que los chicos de los ejemplos anteriores, Denis y Thomas, Janice tardó en comenzar a hablar y, como dice su madre, cuando empezó a hacerlo "podía haber estado hablando en chino". Después tuvo problemas con la lectura y escritura en el colegio. A los seis años fue evaluada por un psicólogo que no le diagnosticó dislexia. Janice no era una niña problemática, de modo que no había impedimentos para que continuara en su escuela pública, en donde se sentaba al final del salón y casi no participaba en las clases. Es evidente que aprendió muy poco en los siguientes cinco años.

Diagnóstico

A los ocho años y medio, los especialistas de un hospital londinense terminaron por diagnosticarla como aléxica, es decir,

137

incapaz por completo de leer o escribir. Allí le aplicaron la prueba WISC de inteligencia y los resultados fueron los siguientes:

Pruebas verbales	Escala de resultados sobre 20 (Promedio 10)
Información	4
Aritmética	5
Semejanzas	6
Vocabulario	11
(Secuencias)	(6)

Pruebas de desempeño	Escala de resultados sobre 20 (Promedio 10)
Completar imágenes	14
Secuencia de imágenes	15
Diseño con bloques	15

Coeficiente intelectual verbal	81	
Coeficiente intelectual de desempeño	131	Promedio 100
Coeficiente intelectual integrado	105	

La gran diferencia entre el coeficiente intelectual verbal y el de desempeño es una señal común de que un niño probablemente tiene dificultades de aprendizaje, pero su alta calificación en coeficiente intelectual de desempeño sugiere que puede ser bueno en habilidades prácticas. A pesar de que tenía mucha habilidad visual, Janice no podía aprender a leer en la escuela con el método "Mira y habla". Las autoridades educativas locales no le habían proporcionado ayuda eficaz de recuperación y, poco después de cumplir once años, fue enviada al hospital St. Bartolomew, con nosotros.

En aquel entonces tenía un nivel de lectura de siete años y su ortografía era tan mala que no pudimos calificarla. Sus dificultades de lectura y escritura eran mucho más graves que las mencionadas en los casos anteriores. Descubrimos que Janice era diestra manual pero zurda de ojo, una lateral cruzada. Y también tenía una fuerte preferencia por escuchar con el oído izquierdo. Esto significa que no sólo tenía problemas para seguir con la vista un renglón impreso de izquierda a derecha, sino que la mayor parte del lenguaje era procesado en el lado derecho del cerebro, la mitad más habilitada para objetivos prácticos y espaciales. A pesar de que no mostraba defectos en el lenguaje al momento de su evaluación, se tardaba mucho para entender lo que se le decía y asimilar ideas nuevas.

Cuando inició el tratamiento, no podía escribir ninguna palabra, con excepción de su nombre; tampoco podía escribir el alfabeto ni recitar los meses del año. No podía leer la hora y estaba muy confundida con los conceptos de tiempo y espacio. Incluso a la edad de 13 años no sabía qué día de la semana era, cuándo se celebraba la navidad o a qué hora debía ir a dormir.

A pesar de que tuvo dificultades para distinguir entre palabras de sonido similar, pudo aprender con el método fonético estructurado, que se basa en el sonido de las letras de manera individual o en grupos (consulte el capítulo 5). En realidad esta fue la única manera de lograr que le encontrara sentido al lenguaje escrito.

Janice acudió a la clínica durante tres años y, aunque su progreso fue lento y arduo, obtuvo un nivel aceptable de lectura y escritura. Cuando usted vea sus primeros intentos, podrá entender por qué sus padres consideraban en aquellos momentos que la recuperación era imposible.

Su progreso con nuestro programa
Cuando le pedí que escribiera las cinco palabras más sencillas de la prueba de ortografía, es decir "con", "sin", "más", "ten" y "su", Janice sólo pudo escribir lo siguiente:

Después le dicté el alfabeto para saber si conocía las figuras de las letras y escribió las primeras once como en la figura 13.

Están bien hechas, pero no podía unirlas para formar una palabra. Sólo podía escribir de memoria su nombre.

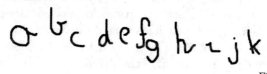

Figura 13

Comenzamos, como siempre, a enseñarle los nombres de las letras, el sonido que representan y la asociación de ambos conceptos con la forma de las letras. De ahí empezamos a construir palabras simples como "sol", "pez", "van", etcétera. Una vez que aprendió lo anterior, empezó a construir oraciones sencillas como "El gato mojó la cama", o "El sol es rojo". De manera gradual le enseñamos más patrones de ortografía, como la mezcla de consonantes.

Las frases que aparecen en la figura 14 fueron escritas después de 18 meses de enseñanza especializada. En este nivel, Janice aprende los diptongos y combinaciones más complicadas de las letras. Ha captado muy bien las ideas y ha aprendido escritura manuscrita.

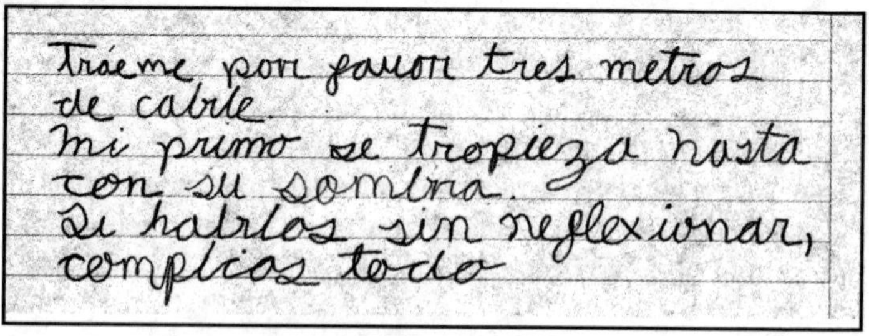

> Tráeme por favor tres metros de cable
> Mi primo se tropieza hasta con su sombra.
> Si hablas sin reflexionar, complicas todo

Figura 14

En la figura 15, que escribió algunos meses después, Janice se enfrentó a palabras que tienen un mayor grado de dificultad.

Después de casi tres años en nuestro programa, Janice pudo escribir un ensayo bastante aceptable y la figura 16 es el primer párrafo de un trabajo escolar con el que recibió un amplio reconocimiento del maestro. En este ejercicio, su caligrafía no es tan bonita como cuando empezó, pero ya puede escribir más rápido y sus ideas fluyen mucho mejor cuando escribe así. A pesar de todo, todavía comete algunos errores disléxicos como "dsease" en el tercer renglón de abajo hacia arriba, o "roote" en el quinto renglón, por ejemplo, pero son errores menores y de ninguna manera afectan el significado del texto.

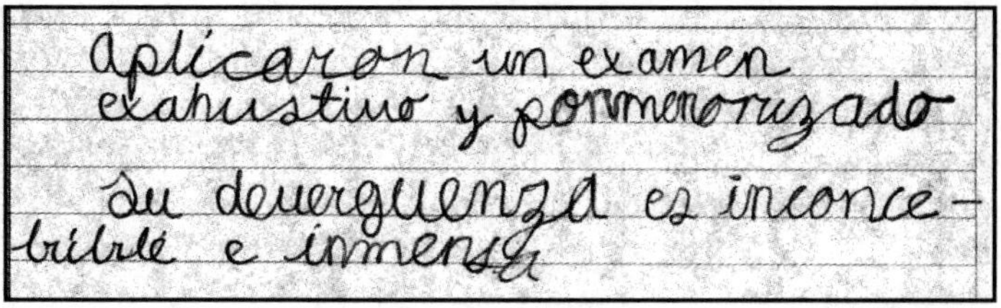
aplicaron un examen
exahustivo y pormenorizado
su deuerguenza es inconce-
bible e inmensa

Figura 15

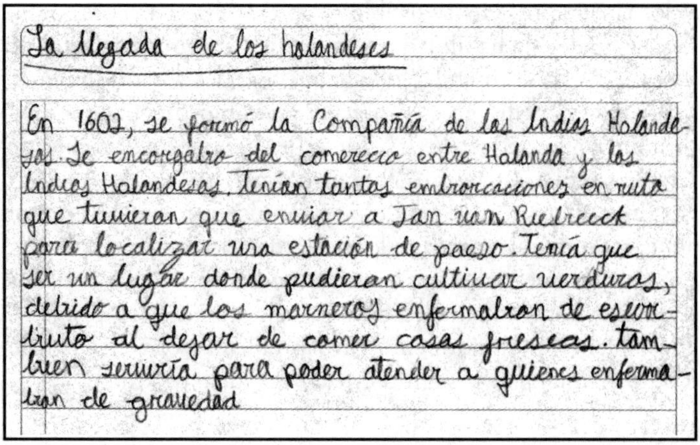
La llegada de los holandeses

En 1602, se formó la Compañía de las Indias Holandesas. Se encargalro del comerecco entre Holanda y las
Indias Holandesas. Tenían tantas embroncaciones en ruta
que tuvieron que enviar a Jan van Riebeeck
para localizar una estación de paeso. Tenía que
ser un lugar donde pudieran cultivar verduras,
debido a que los marneros enfermalron de escor-
buto al dejar de comer casas frescas. tam-
bien serviría para poder atender a quienes enferma-
ban de gravedad

Figura 16

Resultado

Janice continuó con sus estudios y se graduó de manera satisfactoria. Aprobó su primer examen público a los 16 años en lenguaje, matemáticas, ciencias, historia, geografía, arte y manualidades, dibujo técnico y ciencia doméstica. Obtuvo excelentes calificaciones finales en su escuela, en donde se recalcaba el hecho de que era una chica muy esforzada, responsable y amable, que merecía tener una vida plena.

Cuando Janice terminó sus estudios escolares, recibió una oferta para estudiar en una escuela de cocina, pero ella decidió aprender de la manera más "difícil". Ya tenía alrededor de un año trabajando en la cocina de un restaurante y decidió que aprendería mucho más allí que en cualquier escuela.

Después de haber atestiguado su diligencia y dedicación para superar su dislexia, no dudo que haya terminado por encontrar su lugar en la vida y tenga un gran éxito.

Henry: Un disléxico brillante descubierto a tiempo

Antecedentes

A los cinco años, Henry recibió terapia del lenguaje, porque su desarrollo de esta habilidad era lento y tenía algunos defectos de dicción. Aunque entendía todo lo que se le decía, tenía un retraso de año y medio en su lenguaje, así como dificultades para pronunciar las letras /l/, /r/, /d/ e /i/. Después de un año de terapia, su dicción alcanzó el nivel normal.

Sin embargo, un poco después, le pidieron a su padre, un abogado internacional, que lo sacara de la escuela privada a la que asistía, pues a los seis años no podía leer. Como muchos pequeños con dificultades del lenguaje durante los primeros años, Henry posteriormente tuvo problemas con el lenguaje escrito y su terapeuta sugirió que tal vez fuera disléxico.

El diagnóstico

Estas sospechas se confirmaron durante su evaluación en la clínica del hospital St. Bartolomew. Descubrimos que varios miembros de la familia de Henry empezaron a leer de manera tardía y tenían mala ortografía, aunque ninguno de ellos tuvo problemas de dicción ni eran zurdos. No hubo complicaciones en el nacimiento de Henry y, exceptuando el problema de dicción que tuvo a los cinco años, desarrolló de manera normal todas las demás habilidades hasta la primera infancia, como caminar.

Se midió su inteligencia con la prueba WISC y sus resultados fueron los siguientes:

Pruebas verbales	*Escala de resultados sobre 20* *(Promedio 10)*
Información	19
Comprensión	20
Aritmética	13
Semejanzas	19
Vocabulario	18
(Secuencias)	(8)

Pruebas de desempeño	*Escala de resultados sobre 20* *(Promedio 10)*
Completar imágenes	14
Secuencia de imágenes	14
Diseño con bloques	14
Construcción de objetos	15
Codificación	8

Coeficiente intelectual verbal	149	
Coeficiente intelectual de desempeño	121	Promedio 100
Coeficiente intelectual integrado	139	

Estas son calificaciones muy altas, que colocan a Henry en el nivel más alto de inteligencia, el cual comparte con el 2.2%

de la población. Su coeficiente intelectual de desempeño, relativamente bajo, sugiere que puede desarrollarse mejor en las artes que en matemáticas o ciencias. Sus bajas calificaciones en secuencias y codificación muestran las típicas dificultades disléxicas con el orden.

Sin embargo, no alcanzó calificación en su examen de lectura y escritura. No puedo mostrarle un ejemplo del trabajo escrito de Henry antes de iniciar el tratamiento, simplemente porque no pudo escribir nada, ni siquiera su nombre.

El progreso con nuestro programa

Desde luego, tuvimos que empezar por enseñarle las letras del alfabeto, sus formas y sonidos. Las asimiló con rapidez y obtuvo progresos inmediatos. Seis meses después, escribió las frases de la figura 17. A pesar de que la letra está un poco temblorosa y de que escribió "mogó" en vez de "mojó", es un gran avance. Cometió algunos errores, pero ahora ya consigue unir las letras sin que el texto se vea desordenado. En ocasiones repite palabras o frases como "en el", que aparece dos veces en la misma oración.

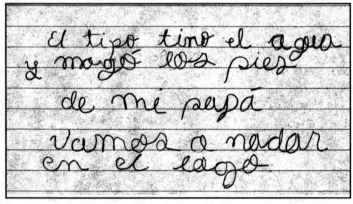

Figura 17

Seis meses después, con un año en el programa, su escritura (figura 18) es más controlada y fluida, además de haber aprendido algunos patrones gramaticales, como la doble "r". Observe que el problema de dicción que tenía cuando era más pequeño, al confundir los sonidos /f/ y /p/, de pronto aparece en su escritura, como en "fedazo" en lugar de "pedazo."

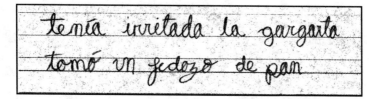

Figura 18

Después de dos años en tratamiento, a la edad de ocho años y tres meses, Henry había logrado un nivel de lectura de nueve años con cinco meses y una edad de lectura de comprensión de 11 años con dos meses. Su ortografía era de ocho años con ocho meses, un poco superior a su edad cronológica. Todos estos son resultados excelentes, pero es lo que un especialista en dislexia esperaría considerando el elevado coeficiente intelectual de Henry.

Su redacción libre de aquel momento (consulte la figura 19) muestra un interés natural por la historia. Hay algunos errores

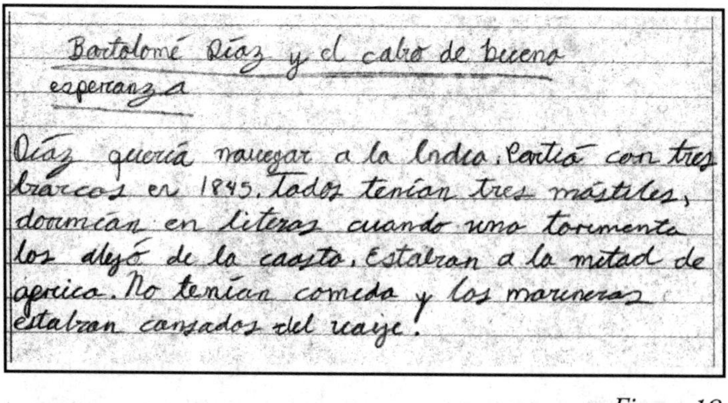

> Bartolomé Díaz y el cabo de buena esperanza
>
> Díaz quería navegar a la India. Partía con tres barcos en 1845. Todos tenían tres mástiles, dormían en literas cuando una tormenta los alejó de la costa. Estaban a la mitad de áfrica. No tenían comida y los marineros estaban cansados del viaje!

Figura 19

145

que serían obvios para alguien que tuviera buena ortografía, pero es un fragmento de texto muy bien sustentado de prosa creativa de un joven disléxico.

Tres meses después de haber escrito el texto en la figura 18, escribió un ensayo acerca de una ciudad en la Bretaña romana. Usted puede ver las primeras líneas de ese ensayo en la figura 20. En este punto, han desaparecido casi todos sus errores de ortografía.

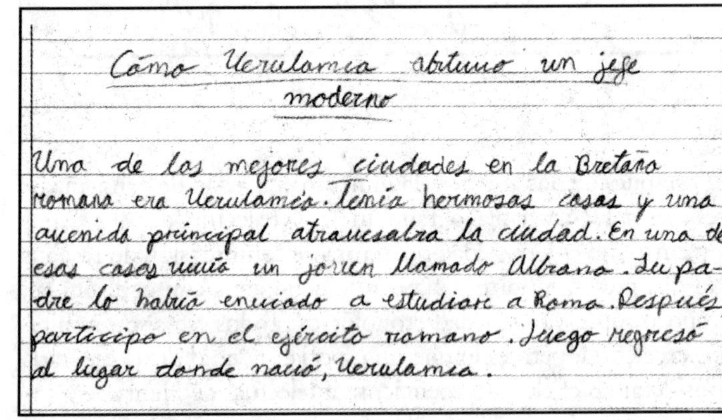

Cómo Verulamia obtuvo un jefe moderno

Una de las mejores ciudades en la Bretaña romana era Verulamia. Tenía hermosas casas y una avenida principal atravesaba la ciudad. En una de esas casas vivió un joven llamado Albano. Su padre lo había enviado a estudiar a Roma. Después, participó en el ejército romano. Luego regresó al lugar donde nació, Verulamia.

Figura 20

El resultado

A la edad de 13 años, Henry ya no tenía problemas con la lectura o la escritura y aprobó exámenes muy rigurosos para ingresar en el colegio Westminster, sin que se hicieran concesiones especiales por su condición previa. Ahora lee con gusto todo lo que cae en sus manos y a la edad de 16 años aprobó rigurosos exámenes públicos en lenguaje, literatura, gramática, historia y matemáticas. Al momento de escribir este libro, Henry estudiaba para presentar sus exámenes públicos preuniversitarios en historia del arte, historia medieval y alemán. Las predicciones de su prueba WISC fueron correctas: Henry es mucho mejor para las artes que para las ciencias, lo cual prueba que no todos los disléxicos están destinados a ser científicos, ingenieros o mecánicos, como lo cree el común de las personas.

La asombrosa recuperación de Henry muestra que los niños con problemas prematuros de lenguaje y dicción pueden recuperarse tan bien como cualquier otro disléxico, pero también es un claro ejemplo de que detectar el problema a tiempo y darle el tratamiento adecuado puede hacer que un niño se empareje con sus compañeros en el desempeño escolar. Si los problemas de Henry hubieran sido ignorados hasta los nueve, diez, once o doce años, las oportunidades de recuperarse no hubieran sido tan óptimas. Para entonces, ya hubiera perdido mucha confianza e interés en los logros académicos, los cuales fueron su principal motivación.

Un motivo para sentir esperanzas

De todos los chicos que fueron atendidos en mi época en la clínica de dislexia, ninguno está desempleado. Ahora están en los últimos años de la adolescencia o tienen veintitantos años y estudian educación superior o trabajan.

Desde luego que he perdido contacto con algunos de ellos, pero a quienes todavía frecuento les va muy bien. Es gratificante por partida doble, si tomamos en cuenta el creciente desempleo y las pocas oportunidades de educación que existen. Creo que son tres las razones de su éxito:

1. No voy a disculparme por repetir nuevamente que reconocer y tratar la dislexia es vital, y mientras más pronto, mejor. No podemos regresar el reloj para ver si Denis, Thomas, Janice o Henry hubieran podido ser adultos semianalfabetos si no hubieran recibido el tratamiento pero, en mi opinión, es una posibilidad. En cualquier caso, no hubieran podido desarrollar todo su potencial intelectual aunque estoy segura de que lo hubieran logrado en cualquier centro especializado en donde se emplearan métodos similares de estructura multisensorial y fonética.

2. Otra lección es la importancia de encontrar al maestro especialista adecuado, pues uno que sólo es amable y cálido no garantiza nada. El maestro especialista que espera tener éxito para derrotar este tipo de desafíos debe saber con exactitud lo que hace y por qué, de otro modo, la calidez y la comprensión no servirán de nada. Si todos los maestros fueran entrenados para enseñar lectura y escritura a niños disléxicos, tal vez muchos de estos problemas se resolverían o, al menos, disminuirían.

3. Lo que parece esconderse detrás de la habilidad de los disléxicos para progresar es el carácter y la determinación que surgen al enfrentar sus dificultades. Es cierto que, en algunos casos, la voluntad y la determinación emergen relativamente tarde, sobre todo en aquellos cuyo padecimiento fue descubierto a destiempo, como Denis. Pero una vez que se dan cuenta de que existe la oportunidad de vencer su dislexia, son impulsados por el deseo de recuperar el tiempo perdido, incluso si ya tienen 16, 17 o más años.

Una y otra vez me sorprende el valor de los niños disléxicos para madurar, adaptarse y superar sus discapacidades. Son muy sensibles a la motivación adecuada de padres y maestros. Muchos de los chicos que atendimos en la clínica, tenían discapacidades adicionales además de la dislexia que, en algunos casos, eran muy graves. Es evidente que encontrar espíritus tan indomables y maduros en los jóvenes, es una lección para todos nosotros.

Nuestros remedios con frecuencia
están dentro de nosotros
Y se los atribuimos al Cielo.

Está bien lo que termina bien
WILLIAM SHAKESPEARE

Capítulo 8
Cómo salir adelante con la dislexia

Por desgracia, no todos los disléxicos tienen la habilidad natural o la enseñanza especializada disponible que les permita superar su condición de manera tan completa como los chicos del capítulo anterior. Muchos siguen luchando con la lectura y la escritura a medida que transcurre su vida escolar; algunos terminan por arreglárselas para aprobar exámenes y acceder a educación superior, y otros más dejan la escuela. Incluso ahora temo que todavía puede haber muchachos disléxicos que salen de la escuela siendo analfabetos. A menudo los padres de niños disléxicos me preguntan con ansiedad: "¿Hay algo que mi hijo pueda hacer para que le vaya mejor en su examen?", "¿La dislexia puede impedir que consiga un trabajo?" o "¿Qué tipo de carrera es más adecuada para los disléxicos?". En este capítulo intento responder estas preguntas, así como dar consejos prácticos para esposos, esposas, parientes y familiares cercanos de adultos que nunca aprendieron a leer y escribir.

Consejos para estudiantes disléxicos

Cuando digo "estudiante", me refiero a una persona joven, desde el adolescente de secundaria hasta el universitario. Lo ideal es que, para esa edad, la dislexia ya haya sido diagnosticada y se haya recibido enseñanza especializada en la escuela o una terapia para dislexia. Una vez finalizada la terapia no se necesita ayuda, aunque a veces a algunos estudiantes les sirve tomar cursos de repaso, sobre todo antes de presentar exámenes. Sin importar la situación, es muy importante que los padres o el mismo estudiante se aseguren de informar a los maestros de su dislexia. La siguiente sección está dirigida a los estudiantes, pero si su dislexia les impide leerla, no debe ser problema que los padres les transmitan la información.

Consejos para tomar notas

Puede ser muy difícil tomar notas comprensibles en las clases o en las conferencias, sobre todo si el maestro o conferencista habla muy rápido y no te da tiempo de tomar notas o borra el pizarrón antes de que puedas copiar lo que dice. No tengas miedo de pedirle que repita algunas cosas, que te explique con mayor detalle algunos conceptos o que deje durante más tiempo el material visual en el pizarrón. Tus amigos no disléxicos te lo van a agradecer, ya que ese es un error muy común entre los maestros. También hay otras maneras de enfrentar el problema:

- Si tienes buena memoria, escucha con atención, apunta breves frases importantes que te ayuden a recordar lo que escuchaste. Después de que termine la clase, escribe todo lo que recuerdes y revísalo con algún compañero para asegurarte de no haber olvidado algún dato importante. Esto no debe ser ninguna molestia para tu compañero, ya que estará encantado de tener alguien con quien discutir el tema o completar algunas cosas que él mismo haya olvidado.
- Lleva una grabadora a las clases y grábalas. Tal vez tengas que pedir permiso, pero es poco probable que te lo nieguen. Este método requiere tiempo, pues tendrás que escuchar la cinta muchas veces para localizar los puntos importantes, pero te ayudará a asegurarte de que no has perdido ningún punto importante, además de que fijará la información en tu mente.
- Pídele a un amigo que tome notas con papel carbón, de manera que haga también una copia para ti. De nuevo,

puedes discutir las notas y la lección con él, lo cual será un beneficio para ambos.

- Si tienes habilidades con el teclado y te gusta usar la computadora o el procesador de palabras, la tecnología moderna llega en tu ayuda. Los procesadores de texto con correctores de ortografía son muy útiles para tomar notas así como para elaborar ensayos y trabajos escritos. Una computadora portátil es bastante pequeña como para que puedas llevarla a las lecciones o conferencias y puedas tomar notas. Sin embargo, necesitas tener mucha habilidad para que el beneficio sea completo. Por ejemplo, el promedio de palabras escritas a mano por minuto es de veinte, mientras que el promedio de palabras tecleadas por minuto es de cuarenta, pero si escribes menos de veinte palabras por minuto en el teclado, el beneficio es dudoso. Si tu caligrafía no es muy estética o es difícil de leer, puedes mejorar la presentación al entregar el trabajo impreso. No sólo evitarás las tachaduras, sino que puedes borrar los errores y corregirlos, puedes mover palabras y párrafos para mejorar la secuencia lógica de tu trabajo y puedes lograr que quede más claro lo que expones.

Consejos para obtener información de libros

Puede tomarte más tiempo leer libros para preparar tu examen que al resto de tus compañeros, de manera que es una gran ayuda saber cómo extraer la información que necesitas sin tener que leer el libro de principio a fin. La técnica que recomiendo es la siguiente:

1. Lee el índice.
2. Elige los capítulos que necesitas leer.
3. Lee los resúmenes al final de esos capítulos con el fin de saber si te proporcionan toda la información que requieres.

151

4. Utiliza el índice para encontrar los hechos esenciales dentro del texto.

5. Escribe los puntos importantes del libro en tarjetas que puedas clasificar. Llena tantas tarjetas como sea necesario y numéralas a medida que las llenes.

6. Une las tarjetas con un clip y archívalas por el nombre del autor.

7. Apunta toda la referencia del libro en una hoja de papel por separado, en ésta agregarás también la lista de todos los libros que incluyas en ese archivo. La mejor manera de llevar un registro de los libros es apuntar el nombre del autor, la fecha, el título, el país en el que se publica y la editorial, por ejemplo: Goodman, J.F. (1975) *El ciclo de vida de los ciempiés*, Londres: Longmans.

8. Separa y guarda una caja de archivo de cada tema. Si sigues este procedimiento ahorrarás mucho tiempo, pues reducirás la cantidad de información que debes revisar antes de cada examen y también tendrás a la mano referencias completas cuando hagas trabajos escritos.

Consejos para trabajos escritos

Mejora tu vocabulario

Una de las mejores maneras de mejorar la calidad de tus ensayos es desarrollar un buen vocabulario de palabras adecuadas para cada caso. Para lograrlo, te recomiendo llevar un diccionario personal en el que incluyas todas las palabras que se te dificulte escribir o leer y que creas que pueden servirte más adelante. Un cuaderno de bolsillo con separaciones para cada letra es lo ideal. Debes llevarlo contigo a donde vayas, para que no pierdas la oportunidad de agregar palabras que te lleguen por casualidad; así podrás revisar tus listas de palabras a menudo, por lo menos, una vez a la semana. Es muy importante anotar las palabras específicas para cada tema y asegurarte que las puedas escribir de manera correcta.

Mejora tu vocabulario general al aprender una palabra sofisticada cada semana y apuntarla en tu diccionario. Utilízala de manera adecuada en la mayor cantidad posible de trabajos escritos, hasta que sea familiar para ti y la puedas usar con confianza en los exámenes.

Para empezar, escoge palabras que no sean muy difíciles de escribir pero que, por lo general, sean empleadas de forma incorrecta tanto por disléxicos como por no disléxicos. Será un punto a tu favor si las usas de manera correcta en ensayos y exámenes. Por ejemplo, toma las palabras "severidad" y "gravedad", pues son muy fáciles de escribir pero no se usan en forma adecuada. La palabra *severidad* se relaciona con "ser estricto". En ciertos contextos, podrías escribir: "El hecho de que tu padre te llame la atención por haber respondido tres preguntas cuando debías haber contestado cuatro, ha sido muy severo de su parte". "Gravedad". por otra parte, significa "grado negativo de algo o alguien". Por ejemplo, "enfermedad grave", significa padecimiento muy fuerte.

No olvides anotar las palabras que no comprendas cuando leas. Búscalas después en un diccionario y agrégalas a tu diccionario personal si crees que pueden ser útiles en el futuro. Puede parecerte laborioso buscar el significado de las palabras, pero el diccionario es una de tus herramientas más valiosas. No sólo te indica la manera correcta de escribir una palabra o su significado, sino que también te dice cómo pronunciarla y cómo usarla dentro de una frase. Acostúmbrate a usar también un diccionario ideológico, que es un libro de consulta en el que encontrarás listas de palabras por significado, en vez de estar ordenadas ortográficamente. Es una buena manera de hacer crecer tu vocabulario y encontrar palabras que sean más adecuadas para expresar lo que deseas comunicar en tus ensayos.

Un modo de relacionar tus ideas por escrito
He descubierto que muchos disléxicos no se dan cuenta, hasta la edad adulta, de que pueden mejorar sus ensayos y trabajos escritos con sólo utilizar las palabras conjuntivas adecuadas. A

pesar de que pueden expresar ideas y frases de manera verbal, les parece difícil hacerlo en papel. Esto se debe no sólo a un limitado vocabulario escrito, sino a la falta de empleo de palabras conjuntivas que podrían ayudar a hacer más fluido el trabajo escrito. Muchos de los jóvenes que atiendo saben cómo usar "y" y "pero", nada más. El resultado es que sus ensayos son pesados y aparentan carencia de madurez y de confianza.

Las palabras conjuntivas se usan para unir ideas dentro de una oración y para unir oraciones entre sí. "No sólo… sino que también" son conexiones útiles dentro de una oración. Sin ellas, podrías escribir: "Cometí un crimen. No pude encontrar una coartada". Pero se lee mucho mejor si se escribe: "No sólo cometí un crimen, sino que también fracasé para encontrar una coartada".

A continuación te presento tres oraciones simples que parecen no tener relación si están aisladas:

Ha empezado a llover. Traje mi paraguas. Puedo permanecer seco.

Al agregar palabras conjuntivas como "sin embargo" y "de modo que", puedes convertirlas en dos oraciones que se leen mejor:

Ha empezado a llover. Sin embargo, traje mi paraguas, de modo que puedo permanecer seco.

Desde luego, existen muchas otras palabras conjuntivas comunes que tal vez te interese agregar a tu repertorio, como: "A pesar de", "por lo que", "sin duda", "aunque", "si", "como", "porque", "al igual que", etcétera.

Para empezar a mejorar el uso de las palabras conjuntivas, lo más recomendable es familiarizarte con el uso que tienen tanto en el habla diaria como en los libros, periódicos y revistas que lees, después practícalas incluyéndolas en tus ensayos y en otros trabajos escritos. Te sorprenderá la diferencia.

Evita la ambigüedad

Los disléxicos tienden a poner las cosas en el orden incorrecto cuando escriben oraciones, con el resultado de que las ideas que expresan se relacionan con el sujeto equivocado. Esto, unido al uso de palabras inadecuadas, a menudo produce ambigüedad. En tus ensayos, procura que el lector sepa con exactitud lo que quieres decir y que no hayas alterado el significado del texto con un orden incorrecto o con palabras inadecuadas. El siguiente ejemplo es el fragmento de un ensayo escrito por uno de mis alumnos:

"Los boletos baratos del tranvía deben ser utilizados por los ancianos antes de que expiren".

Esto suena como si los ancianos tuvieran que usar los boletos antes de morir. Al cambiar las palabras y el orden de la frase, el significado no deja lugar a dudas:

"Los ancianos deben usar sus boletos baratos del tranvía antes de la fecha de vencimiento".

Cómo mejorar la presentación

Si tu caligrafía es mala o incluso si no lo es, un trabajo escrito a máquina o con computadora proporciona una imagen mucho más profesional en comparación con un trabajo escrito a mano. De hecho, es más sencillo de leer para el maestro. Siempre que tus trabajos escritos puedan hacerse en casa y con el permiso del maestro, si es necesario, vale la pena presentar tus trabajos escritos a máquina o con el procesador de textos.

Aunque las máquinas de escribir y las computadoras son caras, pueden durarte toda la vida si les das el cuidado necesario; y sobre todo, pueden ser una valiosa inversión para un disléxico. En mi experiencia, es difícil encontrar disléxicos que tengan problemas para teclear, pero si quieres teclear lo bastante rápido como para que en realidad valga la pena, debes aprender a escribir sin mirar el teclado. Hay muchos libros para aprender esta habilidad por cuenta propia o bien puedes tomar un curso corto de clases vespertinas en tu localidad.

Aprender a escribir en un teclado es una habilidad muy valiosa para los disléxicos y es seguro que nunca pensarás que fue un desperdicio. Mejorará la presentación de tus trabajos escritos y tus cartas, pues se verán más limpios y ordenados. Para evitar errores al teclear, te ayuda mucho decir cada letra a medida que oprimes cada tecla, ya sea en voz alta o en tu mente. También recomiendo mantener un ritmo constante, en vez de estar acelerando una y otra vez y detenerse a cada momento.

Técnica general de escritura de ensayos

Por lo general, la presentación de buenos trabajos escritos es la llave del éxito en la escuela y la universidad. Las calificaciones de tus ensayos pueden tener un gran efecto en tu posición dentro del salón de clases, y muchos cursos de educación superior se basan en entregas constantes de trabajos escritos. Desde luego, hay exámenes de algunas materias en los que la mejor manera de responder a las preguntas es con un ensayo.

Si es posible, siempre escribe primero tus ensayos en sucio, excepto en los exámenes, donde el tiempo apremia, pues es más sencillo pensar cuando escribes con libertad y sin preocuparte por la ortografía. Cuando hayas terminado tu primer borrador, afina el texto con la ayuda de un diccionario. El revisar dos veces cualquier trabajo debe de ser muy natural para ti, si has recibido ya algún programa de ayuda de recuperación. Después, debes adoptar una postura muy crítica hacia tu escrito, de manera que te asegures que ha quedado claro lo que deseabas expresar. Intenta también leer tu ensayo con ojos frescos, desde el punto de vista de un lector cualquiera, esto te ayudará a detectar cualquier ambigüedad que se te haya escapado. Por último, recuerda que es fundamental la práctica constante de escribir así como la de leer autores importantes en tu idioma para beneficiar tu estilo.

Consejos para presentar exámenes
Consigue concesiones

En casi todos los países occidentales, los disléxicos pueden obtener concesiones al momento de presentar exámenes. En Gran Bretaña necesitas un certificado que, por lo general, firma el psicólogo que diagnosticó tu dislexia. En tu escuela deben tramitar que tu evaluación sea actualizada para obtener un documento que certifique tus exámenes. El director de tu colegio debe enviar el certificado a la autoridad correspondiente que te examine. Casi todas las autoridades que aplican exámenes académicos en Gran Bretaña aceptan certificados de dislexia, lo cual es de gran ayuda porque se les concede más tiempo a los disléxicos para resolver el examen y se les dan concesiones en ortografía, con obvia excepción en la materia de lenguaje. Esto es comprensible, ya que la ortografía, la gramática y la estructura de las oraciones son el tema principal de los exámenes. Recuerda que muchos de los libros requeridos para los cursos de literatura también están disponibles en audiocassette: también puedes obtener tiempo adicional para esta materia. Incluso algunos alumnos con dislexia grave pueden pedir la ayuda de algún amanuense, es decir, una persona que escribe lo que el disléxico le dicta, o si es necesario, alguien que le lea las preguntas.

Antes de decidir con precisión cuál examen quieres presentar, vale la pena averiguar el tipo de exámenes que acostumbran aplicar las diferentes autoridades examinadoras. En otras palabras, investiga si las preguntas requieren respuestas escritas o tienen formato de opción múltiple. Es obvio que este último es mucho más sencillo para los disléxicos.

En algunos estados de Australia, las concesiones están garantizadas para candidatos disléxicos a exámenes de certificación en inglés y matemáticas. Tales condiciones son: tiempo adicional, ayuda de amanuenses, uso de máquinas de escribir o computadoras, así como el uso de diccionarios. Además, si los padres y el médico familiar son bastante insistentes, pueden conseguir que el director de la escuela o el consejero escolar permitan asistencia adicional en exámenes externos.

En los Estados Unidos, los disléxicos que desean presentar el examen equivalente para bachillerato pueden solicitar la edición especial del mismo a través de una oficina gubernamental específica y obtener también concesiones especiales, como tiempo adicional. En todos los estados tienen representantes de esta instancia. Los disléxicos norteamericanos también pueden obtener concesiones o ediciones especiales de los dos exámenes de admisión más comunes para nivel universitario: la prueba de aptitud académica (SAT, por sus siglas en inglés) y la prueba para universidades norteamericanas (ACT, por sus siglas en inglés).

En Canadá, cada vez se conocen más los problemas que enfrentan los disléxicos en los exámenes y existe un creciente deseo de incluirlos, al otorgarles tiempo adicional, facilitarles exámenes grabados o aplicarlos de manera oral.

Técnica para exámenes
Los siguientes consejos sirven a todas las personas que vaya a presentar exámenes, pero tiene el doble de importancia para los disléxicos. Si te preocupa no ser lo bastante veloz para terminar a tiempo a pesar de contar con algunas concesiones, tal vez te apresures demasiado y no te tomes el tiempo de revisar las preguntas:

1. No te apresures a escribir en el momento en que inicie el examen. Primero respira profundo varias veces.
2. Lee el examen despacio y con atención, asegurándote que has comprendido lo necesario. Si estás nervioso, es muy fácil confundir instrucciones y preguntas. Revisa cuáles preguntas son obligatorias y cuáles son opcionales. Lo más importante de todo es que estés completamente seguro acerca de cuántas preguntas debes responder en total. Decide cuáles vas a elegir entre las opcionales y calcula cuánto tiempo te tomará responder cada pregunta. Hasta entonces, comienza a escribir, inicia con alguna pregunta obligatoria.
3. No pierdas tiempo haciendo anotaciones extensas al principio, ya que esto toma gran parte de los minutos que le

has asignado a esa pregunta. Sin embargo, es importante tener un plan simple a la mano, tal vez hacer una lista de seis frases que te ayuden a estructurar tu trabajo. A medida que desarrolles el tema, pensarás otros aspectos importantes. Anota esos aspectos en una hoja por separado de inmediato, pues de otra manera, cuando llegues al punto en que debas incluirlos, tal vez los hayas olvidado.

4. No inviertas en una pregunta más tiempo del que tú mismo hayas calculado desde el principio. Piensa que si sólo contestas tres preguntas de un examen de cuatro, de manera automática pierdes el 25% de tu calificación. Esta desventaja rara vez se recupera.

5. Tómate diez minutos al final para revisar tu trabajo, si es posible, así como para encontrar las posibles faltas de ortografía o las palabras que te hayas saltado. Sin embargo, si todavía escribes a toda prisa cuando el examen esté a punto de terminar, no te preocupes, es muy probable que lo hayas hecho muy bien.

Carreras para disléxicos

Existe la creencia generalizada y errónea de que los disléxicos no pueden aspirar a empleos donde se requiera leer o escribir. Esto no es necesariamente cierto. Si tu condición fue diagnosticada a tiempo y recibiste la atención adecuada, no hay razón alguna para que, al llegar a la edad en que debas buscar un empleo, no hayas superado tu discapacidad inicial y no puedas ser exitoso en cualquier empleo que elijas.

Tal vez pienses que, sin importar cuánto hayas mejorado en lectura y escritura, no debas entusiasmarte con carreras como doctor, enfermera o farmacéutico, pues un error en su escritura puede ser mortal. Resulta paradójico que los disléxicos que han cursado la carrera de medicina, que son muchos, tienen menos tendencia a cometer errores que sus colegas. Un médico cirujano amigo mío la pasó muy mal en la escuela porque tenía una dislexia muy grave. Logró aprobar los exámenes de medicina y se ha convertido en un líder de la cirugía cerebral en Gran Bretaña. A pesar de que confía mucho en su secretaria para que se haga cargo de todo su trabajo escrito, tiene un registro casi impecable de fallas al escribir prescripciones, sobre todo, cuando debe incluir dosis de medicamentos, porque desde la infancia adquirió el hábito de revisar varias veces lo que escribe.

Sin lugar a dudas, existen diferentes tipos de dislexia, por lo que recomiendo que aquellos cuya lectura y escritura hayan sido muy afectadas y que no hayan recibido tratamiento adecuado, no elijan carreras en las que estas habilidades sean una necesidad prioritaria, como el trabajo secretarial o la enseñanza, por ejemplo. Si tu dislexia no es grave o has podido superarla con enseñanza especializada, desde mi punto de vista tienes todas las habilidades necesarias y no existe en absoluto ninguna carrera que esté cerrada para ti. Conozco abogados, académicos, políticos, contadores, ejecutivos de negocios y secretarias muy exitosos, todos ellos disléxicos, que han podido lidiar con su discapacidad con ayuda de un diccionario y de otras personas, además de darle una atención adicional a sus trabajos escritos.

Hay un estudio muy alentador que la psicóloga Margaret Rawson llevó al cabo en Maryland, acerca de las carreras profesionales elegidas por muchachos disléxicos. Los resultados fueron: 14% se dedicó a la investigación científica, 13% trabaja como ejecutivos de negocios, 11% son profesores de nivel medio en adelante, 7% eligió ser profesor de enseñanza básica, 7% son abogados y el 7% restante administra o es dueño de un negocio. Estos resultados no pueden generalizarse a todos los disléxicos, porque casi todos los padres de estos chicos eran profesionales calificados, de manera que los antecedentes familiares tuvieron mucha influencia en la proporción tan alta de historias exitosas. Sin embargo, esta encuesta muestra que los disléxicos sin duda pueden tener éxito en áreas en las que se pensaría que están descalificados por su discapacidad.

¿Existen profesiones particularmente adecuadas para disléxicos?

Aunque no quisiera dar la impresión de que los disléxicos tienen pocas oportunidades de obtener un empleo en ciertas áreas, parece que ciertas habilidades innatas conducen a que una gran proporción de disléxicos sean los adecuados para ciertos tipos de trabajo en particular.

Recordarás que en el capítulo 3 mencioné que muchos disléxicos tienen una habilidad espacial excepcional, en otras palabras, tienen mucha destreza en tareas que implican dos y tres dimensiones, y que requieren habilidad visual. Hay muchos empleos en los que tener habilidad espacial es una ventaja distintiva, pero tal vez ninguna es tan importante en la cambiante escena económica actual como la operación de sistemas computacionales y la programación. Sin embargo, recuerda que los disléxicos que no tienen habilidad espacial por lo general tienen poca habilidad visual o manual, o pueden tener buenas habilidades verbales aunque su ortografía no lo sea, como los autores famosos que padecieron dislexia.

Computadoras

A pesar de que la llegada de la automatización microelectrónica ha contribuido a elevar los niveles de desempleo, es una bendición por lo que se refiere a los disléxicos. Tomemos la contabilidad, por ejemplo. En el pasado, se necesitaba una caligrafía perfecta para llenar de números los legajos interminables de contabilidad. Ahora, sólo es cosa de presionar algunas teclas. Lo anterior abre una amplia gama de posibilidades que antes estaban negadas para los disléxicos.

No hay duda alguna de que la microelectrónica es la industria del futuro y casi todos los disléxicos cuentan con buenos elementos para aprovechar eso. Su persistencia, exactitud y velocidad en tareas visuales, como el trabajo en el teclado, los convierte en candidatos ideales para ocupar puestos como operadores de computadoras o programadores. Es cierto que muchos disléxicos tienen dificultades con la secuencia de los eventos diarios, pero son bastante hábiles con el lenguaje de las computadoras, que es más lógico, regular y estructurado que el lenguaje hablado. Es curioso mencionar que algunos programadores que conozco tienen algún grado de dislexia.

Con las computadoras personales, que ahora son tan baratas como un buen radio, los padres pueden ayudar a desarrollar el interés de su hijo por las computadoras desde los trece años o antes. Una computadora en casa le puede dar al pequeño disléxico una nueva dimensión de comunicación en la que puede destacarse y además le proporciona una experiencia valiosa que podría ser el inicio de una carrera con futuro seguro.

Existe una variedad bastante amplia de programas de computación que pueden ayudar, tanto a niños como a adultos, con sus problemas lingüísticos.

Otros empleos adecuados
Existen otros empleos que requieren un nivel alto de habilidad espacial y que coinciden con una gran variedad de intereses y niveles intelectuales. Sería imposible mencionarlos todos, pero los que se incluyen en la siguiente lista son algunos de los más comunes.

Algunos empleos, carreras y oficios
que requieren buena habilidad espacial:

Publicidad	Obrero
Agricultura / granjero	Bombero
Paramédico	Guardia forestal
Arquitectura	Jardinero
Fuerzas armadas	Estilista
Arte	Mecánico
Albañil	Comerciante
Constructor	Músico
Camarógrafo	Enfermera
Mecánico automotriz	Oculista

Carpintero	Osteólogo
Cocinero	Pintor
Programador de computadoras	Exploración petrolera
Operador de computadoras	Fotógrafo
Trabajo de construcción	Fisioterapeuta
Artesano	Plomero
Bailarín	Policía
Decoración	Impresor
Dentista	Científico
Diseñador	Asistente de ventas
Médico	Deportista
Dibujante	Cirujano
Corte y confección	Cirujano
Chofer	Encuestador
Electricista	Cirugía veterinaria
Ingeniero	Soldador

Los disléxicos también pueden tener éxito en empleos que dependan de las habilidades verbales, pues su dificultad de plasmar sus pensamientos por escrito no necesariamente se extiende a su expresión verbal. De hecho, sucede lo contrario: muchos de mis alumnos disléxicos son excelentes para hablar, como si con ello intentaran compensar su falta de habilidades en trabajos escritos.

Algunos empleos y oficios que requieren buena habilidad verbal

Magistrado	Terapia personal
Negociante	Recepcionista
Cuidador de niños	Vendedor
Trabajo comunitario	Dependiente de tienda
Relaciones industriales	Trabajador social
Abogado	Mensajero
Conferencista	Guía de turistas
Mercadotecnia	Político

Consejos para obtener un empleo

- Asiste a todos los cursos de capacitación que sean relevantes para el empleo. Muchos cursos de entrenamiento no requieren que tengas algún grado académico anterior, y a menudo se imparten cursos propedéuticos de lingüística y matemáticas.
- Pide a un amigo o familiar que revise con cuidado tu solicitud o tu currículum vitae. La competencia para obtener empleos es muy fuerte en nuestros días, por lo que una mala ortografía o gramática pueden amenazar tus oportunidades de lograr una entrevista. Las solicitudes más claras y con mejor presentación son las que tienen más oportunidades de éxito.
- Muéstrate confiado en la entrevista. Este es el punto en el que los disléxicos tienen su oportunidad de brillar, pues la mayoría se expresan muy bien y pueden mostrar su inteligencia de manera verbal.
- Cuando vayas a una entrevista, haz un esfuerzo por vestirte en forma conveniente. También asegúrate de saber a dónde debes ir y de presentarte a la hora convenida. Para los disléxicos, por lo general, estos problemas no son sino una inconveniencia menor, pero podrían costarte el empleo en una entrevista.
- No menciones que eres disléxico, a menos que te veas obligado a hacerlo. Aunque en la práctica tu condición no represente ninguna diferencia para cumplir de manera intachable con tu trabajo, tu posible empleador puede no estar muy bien informado acerca de la dislexia y pensar que es señal de poca inteligencia. Sin embargo, tampoco mientas. Si mencionas en tu entrevista que eres disléxico, explica que no guarda relación alguna con la inteligencia y que no interferirá en absoluto con tu trabajo, pues has desarrollado una segunda naturaleza que te obliga a revisar por partida doble todo lo que escribes.

Consejos para los jóvenes disléxicos en el trabajo

- Admite frente a tus colegas que tienes dificultades para leer o escribir. Pero en lugar de decir "Soy disléxico", haz una broma al respecto: "Tengo una ortografía terrible" y pide ayuda con la ortografía. Descubrirás que casi todas las personas son muy accesibles, ¡y que muchos de tus colegas también tienen mala ortografía!
- Pon mucha atención cuando tomes recados telefónicos. Lee varias veces los números para revisar que los hayas escrito de manera correcta y no temas pedirle a la persona que llama que te repita alguna parte del mensaje.
- Lo último y lo más importante: no permitas que te paralice la ansiedad o la culpa por tu dislexia. Esto hace que pierdas confianza en ti mismo y afecta más tu desempeño en el empleo que la misma dislexia. Intenta encontrarle el lado positivo. La actitud meticulosa y determinada que has necesitado desarrollar desde tu infancia para superar tu dislexia te ha mantenido en forma para afrontar problemas en el trabajo y conservarlo.

Cómo pueden los adultos enfrentar la dislexia

Como hemos visto en el primer capítulo, resulta sorprendente que la proporción de adultos semianalfabetas o completamente analfabetas sea tan alta en el mundo: por ejemplo, en Gran Bretaña, de una población total cercana a los sesenta millones de habitantes, alrededor de dos o tres millones no saben leer ni escribir. Y es probable que muchos más sean disléxicos en grados leves. En Estados Unidos se calcula que hay 23 millones de adultos iletrados. Como casi todos los adultos con problemas de lectura y escritura nunca han sido evaluados de manera profesional, nadie sabe cuántos son disléxicos, cuántos recibieron insuficiente educación y cuántos tan sólo carecen de la inteligencia necesaria para poder leer y escribir. Yo apuesto a que muchos son disléxicos. Sin importar la causa, los problemas diarios son similares para todos ellos.

A pesar de no haber sido beneficiados por los conocimientos actuales ni por la ayuda de recuperación durante sus años formativos, muchos adultos disléxicos se las han arreglado para superar su situación por ellos mismos, desarrollando sus propias estrategias para lidiar con sus deficientes habilidades lingüísticas. Aunque vivimos en una sociedad letrada, de alguna manera la lectura ya no es tan importante como solía ser, pues la radio y la televisión proporcionan una gran cantidad de información que se puede asimilar sin la necesidad de leerla. Sin embargo, existen muchos aspectos rutinarios de la vida moderna en los que la falta de habilidad de lectura y escritura puede volverse problemática. Desde luego, la ayuda de un amigo, un familiar o un colega puede hacer la vida más fácil, pero hay momentos en que el adulto necesita tener los recursos necesarios para actuar por sí mismo. Como lo hice antes en este capítulo, ahora me voy a dirigir a los adultos disléxicos, con la confianza de que mi mensaje les llegará de una u otra manera.

Lectura de señales públicas

Por suerte, muchos avisos públicos por escrito han sido sustituidos por símbolos o signos gráficos, por cierto, no para ayudar a quienes no puedan leer, sino para ayudar a los forasteros que no hablan el lenguaje local. Las palabras CABALLEROS y DAMAS, que a menudo causaban vergüenza y confusión hace diez años, han sido sustituidos por diseños gráficos de un hombre y una mujer. Sin embargo, existen muchos avisos comunes en lugares públicos que deben leerse, como: "Adentro", "Afuera", "Entrada", "Salida", "Salida de emergencia", "Puerta para bomberos", "Empujar", "Jalar", "Bar", "Restaurante", "Baños", "WC", "Estacionamiento público", "Estacionamiento privado", "Pague aquí", "Alto", "Siga", "Camine", "Despacio", "Precaución", "Peligro", "Policía", "Primeros auxilios", "No pise el césped", etcétera. Todos estos, o al menos los más importantes como "Peligro" y "Salida", deben memorizarse de vista. La mejor manera de hacerlo es pedirle a alguien que escriba las palabras de cada aviso con letras mayúsculas en tarjetas. Después, practique con esta persona para hacer coincidir los signos de las tarjetas con las palabras en voz alta, hasta que el significado le parezca claro y las palabras queden guardadas en su memoria.

Si usted viaja a una estación de tren o metro que no conoce, asegúrese de revisar con alguna persona antes de salir de casa la cantidad de estaciones que debe pasar para llegar al lugar que desea, o pregunte a algún otro pasajero o a un empleado del servicio de transporte.

Etiquetas e instrucciones

El no poder leer instrucciones puede causar un desastre. Existen casos de personas que han muerto de problemas cardiacos por no haber podido leer las instrucciones para abrir un frasco de píldoras con seguro para niños. Resulta obvio que es de vital importancia que los compañeros o familiares expliquen con minuciosidad todas las instrucciones y etiquetas relacionadas con objetos peligrosos que estén dentro de la casa y también aquellos que podrían salvar una vida. Por ejemplo, el adulto disléxico debe estar bien enterado de las medicinas que se guardan en el botiquín familiar, de los químicos venenosos que se usan en casa, en el jardín o para fotografía de aficionados, así como de las instrucciones para usar un extinguidor de incendios y el código de colores de los cables eléctricos, que en ocasiones puede cambiar.

Conducción de un automóvil

Algunos disléxicos tienen dificultades para medir distancias y velocidades, por lo que no podrán conducir un automóvil. Pero, generalmente, todos ellos tienen las mismas probabilidades de reprobar un examen de manejo que las personas que sí pueden leer. Casi todas las señales de tránsito consisten en símbolos o diseños gráficos, más que en letreros, y los códigos de tránsito se pueden aprender de memoria si alguien los graba en audiocasete para usted.

Sin embargo, leer mapas o seguir indicaciones puede convertirse en una pesadilla si usted padece de confusión direccional y no está seguro de cuál es la derecha y cuál la izquierda, o confunde el Norte, el Sur, el Este y el Oeste. Si no puede conseguir que alguien lo acompañe como copiloto y le dé instrucciones al momento, pida indicaciones en relación con alguna referencia como: "Al llegar a la intersección, gire hacia el puente", en vez de "gire a la izquierda cuando llegue a la intersección". También puede ser útil memorizar si la mano con la que escribe es la izquierda o la derecha y marcar el dorso de esa mano con alguna tinta que le dure todo el viaje. O bien, puede marcar la izquierda y la derecha en el parabrisas del automóvil.

Llenado de formas impresas

Si su dislexia es grave, no hay otra manera de llenar formas impresas que pedirle a alguien más que lo haga por usted. No debe sentir renuencia al solicitar ayuda a los profesionales encargados, quienes están acostumbrados a proporcionar ayuda pues, de cualquier manera, muy pocas personas entienden los formatos oficiales.

Mensajes telefónicos

La mayor preocupación que he descubierto en adultos con dislexia grave es el miedo a que se les pida anotar mensajes telefónicos. Hay tres maneras de enfrentar este problema:

1. Instale una grabadora en su teléfono, para que el mensaje pueda grabarse.

2. Cuando hable con otra persona, explíquele que usted escribe muy mal, y pídale que deletree de manera lenta y cuidadosa el mensaje, el nombre y el teléfono.
3. Si el mensaje es muy largo y complicado, anote los detalles de la persona que llama y explíquele que no puede tomar el mensaje completo, pero que le pedirá al destinatario del mensaje que devuelva la llamada.

Una dificultad adicional para los disléxicos cuando apuntan mensajes es que el teléfono sólo registra un rango limitado de frecuencias de sonidos, por lo que muchos sonidos pueden distorsionarse y confundirse. El sonido /b/ puede confundirse con /p/ y viceversa; y las letras /s/, /f/ y /c/ a veces son imposibles de distinguir cuando la persona deletrea por teléfono. Para evitar errores, casi todas las personas usan un código para identificar las letras: "c" de "casa", "s" de "sol", "f" de "foco", etcétera. A menos que se deletree con mucho cuidado, el mismo código puede confundir a un disléxico si el sonido de la primera letra no coincide con el sonido que la letra representa en esa palabra. Por ejemplo "c", como en "chango". En efecto, "chango" empieza con "c", pero en este caso el sonido que construye con la "h" es /ch/. El disléxico puede inventar su propio código en el que la primera letra de la palabra suene exactamente como la letra alfabética que representa, por ejemplo, "b" como "bueno", "c" como "casa", "d" como "David", etcétera.

De ahora en adelante

Muchos adultos disléxicos pueden confiar en que sus parejas, amigos, secretarias y familiares se harán cargo de lo relacionado con la lectura y escritura. El problema es que mientras menos se practica una habilidad, más se atrofia. Así que el mejor consejo para ellos es que practiquen este tipo de actividades la mayor cantidad posible de veces e intenten mejorar sus habilidades por sí mismos.

Vale la pena recordar que, por ejemplo en Gran Bretaña, la dislexia está reconocida de manera legal como discapacidad dentro del grupo específico de Dificultades de Aprendizaje. Si usted ya se ha registrado como disléxico y su condición es bastante grave, usted califica como persona discapacitada, quienes, por ley, deben ser contratadas por las empresas de tamaño considerable. Desde luego, para ser registrado como disléxico, necesita un diagnóstico, por lo que si no fue evaluado en su juventud, puede solicitar, a través de su médico familiar o su sistema local de salud, una evaluación con un psicólogo.

Si usted considera que la falta de habilidades lingüísticas afecta su vida, tal vez deba considerar la posibilidad de tomar un curso en un centro de enseñanza para disléxicos, que atienda tanto a niños como a adultos.

Si no existe un centro en su localidad, puede investigar si hay alguna institución local de educación superior o algún centro de educación para adultos que organice cursos de lectura y escritura para adultos. Pregunte en su biblioteca local o a la autoridad educativa que le corresponda.

Por fortuna, no todos los adultos disléxicos son por completo analfabetas. Muchos aprenden a leer de forma aceptable, incluso si la escritura les sigue pareciendo difícil. Las cartas no son el único medio de comunicación; siempre podemos emplear el teléfono, puede usar una grabadora para dictar cartas y transcribirlas después, o enviar un audiocasete de manera directa, siempre que la persona a quien se lo envíe tenga un reproductor. En cualquier caso, no es ninguna vergüenza ser disléxico: algunos de los más brillantes personajes de la historia fueron pésimos lectores y atroces escritores. Pero usted debe aprender a aceptar esta enfermedad, vivir con ella y prever los problemas que posiblemente le ocasionará para poder enfrentarlos.

Capítulo 9
LA DISLEXIA Y EL CEREBRO

Algunas de las ideas de este capítulo son más complicadas que las del resto del libro, pero espero que sean del interés de padres y maestros de disléxicos, pues ayudan a explicar algunos puntos de los capítulos anteriores y a aclarar las causas ocultas de la dislexia. Sin embargo, es perfectamente posible entender y aprovechar los demás capítulos del libro sin leer éste.

Los especialistas aceptan cada vez más el hecho de que las células del cerebro de un disléxico, para bien o para mal, están organizadas de diferente manera que las del cerebro de un lector normal. Debido a que se hereda la organización celular del cerebro del mismo modo que se heredan aspectos de la personalidad y características físicas, no es sorprendente que 88% de los disléxicos tenga algún familiar cercano con la misma condición. Sin embargo, como mencioné antes, la dislexia de algunas personas es causada por cambios en el cerebro, que son resultado de enfermedades o accidentes, que ocurren por lo general justo en el momento del parto o poco después. Tanto si es hereditaria o no, el grado de diferencia en la organización de las células cerebrales determina si la dislexia de una persona es ligera, moderada o grave.

El lenguaje y los dos hemisferios

Todavía no comprendemos con precisión cómo funciona el cerebro, pero estamos bastante seguros de lo que ocurre en algunas áreas del mismo. Cada área tiene una función diferente pero influye en las demás áreas que la rodean, lo que permite que el

171

cerebro trabaje como un todo interrelacionado. El cerebro está dividido en dos mitades separadas, un hemisferio derecho y un hemisferio izquierdo, que se comunican entre sí por medio de un paquete de fibras nerviosas de 10 cm de largo, llamado cuerpo calloso. Aunque los dos hemisferios parecen iguales, por lo general realizan tareas muy diferentes. En términos generales, para casi todas las personas, el hemisferio izquierdo es la mitad verbal, lógica y controladora, mientras que el derecho es el lado no verbal, práctico e intuitivo.

En el cerebro de la mayoría de las personas, el lenguaje se procesa, sobre todo, en el hemisferio izquierdo. El área de Broca se relaciona con la mecánica de expresión del lenguaje y el área de Wernicke es donde se desarrolla el proceso de comprensión

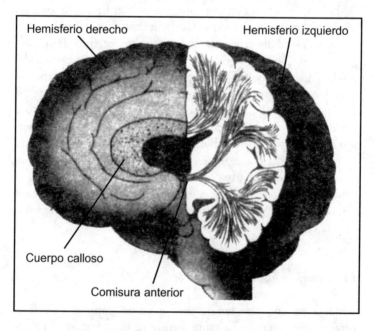

El cuerpo calloso une las dos mitades del cerebro. La comisura anterior es una unión más pequeña. Si se altera, las dos mitades trabajan de manera independiente.

del lenguaje. Como puede ver en el diagrama, el ser humano también tiene un área de lenguaje en el hemisferio derecho, que es más pequeña y mucho menos eficiente para organizar y procesar tareas basadas en el lenguaje.

Se han realizado numerosas investigaciones sobre la localización de los procesos de lenguaje en el cerebro, con personas que han sufrido golpes o accidentes de algún tipo. Por lo general, dichos pacientes son de mediana edad o personas mayores, de manera que los cambios relacionados con la edad tienden a relacionarse con el daño sufrido. En 1967, el profesor Oliver Zangwill, de la Universidad de Cambridge, descubrió que 98% de las personas diestras manifestaron dificultades graves de lenguaje después de haberse herido el lado izquierdo del cerebro, mientras que sólo dos por ciento de personas diestras que habían sufrido daños en el hemisferio derecho del cerebro notaron dificultades de lenguaje. Los resultados son menos claros en el caso de los zurdos, quienes probablemente tienen las funciones del lenguaje más distribuido entre ambos hemisferios.

Alexander Romanovich Luria, el eminente neuropsicólogo soviético de la Universidad de Moscú, obtuvo información más precisa. Estudió víctimas de guerra que tenían heridas profundas en la cabeza, y observó lo que ya no podían hacer. Como ya era posible detectar cuál era la parte del cerebro que había dañado el proyectil y los pacientes eran jóvenes con funciones cerebrales normales, los resultados de su investigación fueron más confiables. Aunque todavía existe cierta incertidumbre, alrededor de 95% de las personas diestras tienen localizadas sus áreas de lenguaje en el hemisferio izquierdo del cerebro, su lado dominante.

Muchos especialistas creen ahora que las dificultades disléxicas pueden aparecer cuando las áreas de lenguaje de una persona están repartidas de manera más equitativa entre los dos hemisferios del cerebro. La raíz del problema parece radicar en la conexión entre ambas mitades; la conexión de fibras nerviosas llamada cuerpo calloso. En 1974, el profesor Tim Miles de la Universidad Bangor, al norte de Gales, efectuó una investi-

173

Vista lateral de las áreas de lenguaje en el hemisferio izquierdo del cerebro

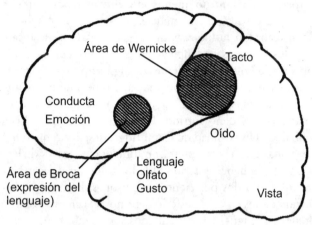

Área de Wernicke

Tacto

Conducta
Emoción

Oído

Área de Broca
(expresión del
lenguaje)

Lenguaje
Olfato
Gusto

Vista

Vista superior de las áreas del lenguaje en ambos hemisferios del cerebro de un no disléxico

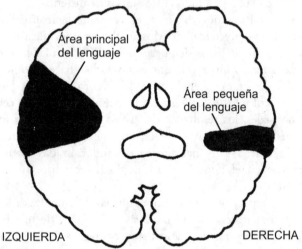

Área principal
del lenguaje

Área pequeña
del lenguaje

IZQUIERDA

DERECHA

Dos vistas del cerebro de un no disléxico. Arriba: Las áreas principales de lenguaje están situadas en la mitad izquierda del cerebro. Abajo: Hay áreas de lenguaje en ambas mitades del cerebro, aunque la de la derecha es más pequeña.

gación para saber cuánto tiempo le tomaba a un disléxico procesar la información recibida de símbolos visuales. Se solicitó a los voluntarios que observaran secuencias de números que cambiaban con rapidez frente a ellos en una máquina llamada taquitoscopio. Los universitarios disléxicos percibieron los números con mayor lentitud y menos detalle que los niños de nueve años, no disléxicos, quienes también memorizaron mejor las secuencias. Lo anterior sugiere que, en el cerebro disléxico, es necesario que pasen más mensajes de un hemisferio a otro para identificar y nombrar los números. Es como si el tráfico de señales nerviosas bloqueara el cuerpo calloso entre las áreas de lenguaje en ambos lados del cerebro, con lo cual se complica la comprensión y la expresión del disléxico en el lenguaje escrito o verbal.

De acuerdo con esta teoría, la investigación anatómica realizada en 1981 por el doctor Albert Galaburda y el doctor Thomas Kemper de Boston, en Estados Unidos, ha puesto de manifiesto notables diferencias anatómicas entre disléxicos y no disléxicos. Al analizar el cerebro de un disléxico que murió alrededor de los veinte años, encontraron una organización inusual de las células, que sugiere que las áreas del lenguaje están distribuidas de manera más equitativa de lo normal en ambos lados del cerebro.

Antes de que el cerebro pueda interpretar el lenguaje, tiene que percibir la palabra escrita o hablada y así llegamos a la manera en que la vista y el oído interactúan con el cerebro.

Percepción y comprensión de estímulos visuales y auditivos

Visión

No quisiera abordar todos los detalles de las rutas que toman los impulsos visuales desde el ojo hasta el cerebro por las vías nerviosas, porque no son esenciales para la comprensión de la dislexia y sólo aumentarían la confusión. En términos generales, diremos que cada ojo tiene su propio campo de visión y cuando usted mira de frente a un objeto cercano, puede ver que ambas imágenes se sobreponen. De manera que cuando la imagen de ese objeto llega a la retina en la parte trasera del ojo, establece impulsos nerviosos de ambos ojos que llegan a las cortezas visuales, áreas ubicadas en la parte trasera de ambos hemisferios del cerebro, en donde en realidad se percibe la imagen. Para complicar las cosas, la imagen que llega a la retina se invierte, tanto de manera horizontal como vertical. El cerebro se encarga de interpretar las señales nerviosas de la imagen para que podamos percibir el objeto como en realidad es, de manera vertical y horizontal.

El cerebro no tiene gran problema al analizar la figura de objetos sólidos como una silla, porque desde cualquier ángulo que se mire, sólo puede ser una silla. Analizar símbolos abstractos, como letras y números, es más difícil, porque si volteamos la figura podemos obtener diferentes letras o números. La figura de la "b", por ejemplo, puede convertirse en "d" si la volteamos de frente atrás, o puede ser una "q" si volteamos la "d" hacia abajo, o "p" si volteamos la "q" al otro lado. Son cuatro letras de una sola figura. De manera que si se le solicitara señalar la letra "p" de las siguientes:

b   d   p   q

su cerebro tendría que ser capaz de reconocer la imagen correcta y rechazar las incorrectas. Para hacerlo, los impulsos visuales que se reciben en las cortezas visuales en la parte trasera de ambos hemisferios tienen que ser analizados por el área lógica del lenguaje. Si usted tiene su área de lenguaje en el hemisferio izquierdo, como por lo general sucede, sólo se envía un conjunto de mensajes para interpretación a través del cuerpo calloso desde la corteza visual derecha hacia el área analítica de lenguaje en el hemisferio izquierdo. Por otro lado, si usted tiene áreas considerables de lenguaje en ambos hemisferios, como parece suceder en casi todos los disléxicos, entonces el cuerpo calloso, que une los hemisferios, se satura con las numerosas señales de conexión entre las cortezas visuales y las áreas de lenguaje en ambos hemisferios. Esta confusión de mensajes nerviosos puede ser la razón de que los disléxicos con frecuencia lean "b" como "d", y viceversa.

Además de este problema, el doctor George Pavlidis, quien en la actualidad trabaja en los Estados Unidos, descubrió en 1979 que, cuando los disléxicos leen, hacen movimientos oculares más largos y erráticos que los lectores normales. Esto tal vez explique de manera parcial por qué los disléxicos voltean las palabras y el orden de las letras cuando leen.

Convergencia

Como mencioné en el capítulo 6, si nuestros ojos no convergen juntos en forma correcta al mirar un objeto, será difícil encontrarle sentido a las letras y palabras que leemos.

Cuando los músculos que controlan los ojos apuntan las pupilas de manera directa a una letra, su imagen, que es un poco diferente en cada ojo, llega a puntos coincidentes en ambas retinas. Cuando la imagen llega al lugar correcto en las retinas, los dos conjuntos de señales nerviosas se fusionan en la corteza visual, de manera que sólo se ve una letra.

Cuando la convergencia no es correcta, las imágenes de la letra llegan a puntos de las retinas que no coinciden. Los dos conjuntos de señales nerviosas no se pueden fusionar en la corteza visual y se aprecian dos letras diferentes, aún cuando usted sólo vea una. Casi todas las personas que tienen este problema aprenden a aceptar una imagen y rechazar la otra. Sin embargo, algunos otros no desarrollan referencia visual fija para la lectura y por lo tanto ven dos imágenes o cambian de una imagen a otra. Por supuesto, esto hace que la lectura sea muy difícil. Alrededor de 30% de los niños con dificultades de lectura no tienen una referencia visual fija. Puede hacerse una idea de este problema al cerrar un ojo y mirar una palabra de esta página; ahora abra el ojo y cierre el otro al mismo tiempo e intente mantener su atención en la misma palabra. Parece que brinca de un lugar a otro en la página. Si usted no tiene una referencia

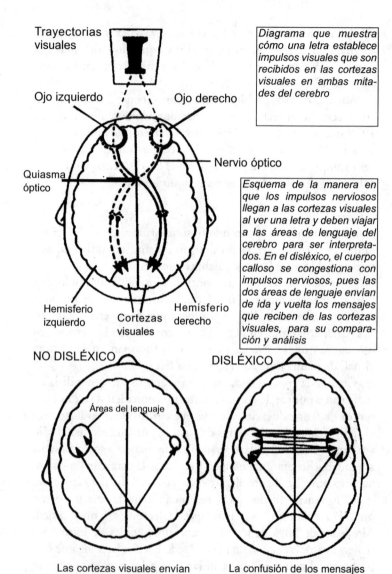

Trayectorias visuales

Ojo izquierdo

Ojo derecho

Nervio óptico

Quiasma óptico

Hemisferio izquierdo

Cortezas visuales

Hemisferio derecho

Diagrama que muestra cómo una letra establece impulsos visuales que son recibidos en las cortezas visuales en ambas mitades del cerebro

Esquema de la manera en que los impulsos nerviosos llegan a las cortezas visuales al ver una letra y deben viajar a las áreas de lenguaje del cerebro para ser interpretados. En el disléxico, el cuerpo calloso se congestiona con impulsos nerviosos, pues las dos áreas de lenguaje envían de ida y vuelta los mensajes que reciben de las cortezas visuales, para su comparación y análisis

NO DISLÉXICO

DISLÉXICO

Áreas del lenguaje

Las cortezas visuales envían mensajes a las áreas de lenguaje para interpretarlos

La confusión de los mensajes nerviosos entre las dos grandes áreas de lenguaje visual fija, este es el tipo de trucos visuales que pueden dificultar su lectura.

Las investigaciones actuales demuestran que los niños disléxicos, en quienes no se ha encontrado referencia visual fija para leer, han recibido ayuda de expertos que les parchan el ojo izquierdo para que puedan desarrollarla. En un principio, si el disléxico era zurdo, se parchaba el ojo derecho para evitar que se convirtiera en lateral cruzado, es decir, zurdo de mano y diestro de ojo, y viceversa si era diestro. En la actualidad, se parcha el ojo izquierdo para lectura y escritura, sin importar si es diestro o zurdo, para hacer que el ojo derecho se conecte con el hemisferio izquierdo y procese el lenguaje escrito, que es, desde luego, el mejor para este tipo de actividad. Las investigaciones acerca de los efectos de parchar los ojos están en progreso, de manera que sólo debe hacerse bajo supervisión profesional y no debe practicarse como técnica independiente.

Oído

Los disléxicos no sólo confunden el orden y la forma de las letras y las palabras, sino que también tienden a confundir el orden de las sílabas y los números que escuchan. A pesar de que esto puede deberse a algún problema de pérdida de audición que se relacione con el oído mismo, a menudo es causado por la manera en que el cerebro interpreta los impulsos nerviosos que envían los oídos. Si existe el más pequeño obstáculo en algún punto del proceso de audición, desde el punto en que las ondas de sonido entran al oído hasta el momento en que se interpretan en el cerebro, la percepción de la palabra hablada puede ser confusa.

Descifrar en el cerebro los sonidos de la palabra hablada es un proceso muy complejo. El cerebro tiene que analizar cada sonido antes de poder comprenderlo y, a diferencia de la lectura, a menudo usted no tiene control sobre la rapidez en la que los sonidos de la palabra hablada bombardean su oído, por lo que es sorprendente que podamos desarrollar esta habilidad. Lo que no es sorprendente es que, como una pieza de maquinaria complicada, hay muchos puntos en donde algo puede salir mal.

Observe el diagrama que muestra cómo los impulsos nerviosos creados por ondas sonoras dentro de los oídos viajan a través de fibras nerviosas a unas áreas llamadas cortezas auditivas, en ambos hemisferios del cerebro. A pesar de que los impulsos de cada oído llegan a ambos hemisferios, las vías nerviosas que se entrecruzan son más fuertes. Por lo tanto, los sonidos escuchados con el oído derecho son interpretados en su mayoría en el hemisferio izquierdo y viceversa.

De nuevo, parece que la localización de las áreas de lenguaje en el cerebro disléxico tiene una función importante en la habilidad de descifrar la palabra hablada. En los no disléxicos, el oído derecho tiende a ser mejor para interpretar los sonidos de la palabra hablada, por su fuerte conexión con el área de lenguaje del hemisferio izquierdo. La conexión del oído izquierdo con el hemisferio derecho es mejor para encontrarle sentido a sonidos no verbales, como cuando se cierra una puerta, gotea una llave de agua o se esucha música. En las pruebas auditivas llamadas "pruebas de audición dicótica", donde la persona se coloca un par de audífonos y con cada oído escucha al mismo tiempo diferentes grupos de letras y números, a la misma velocidad y volumen, se muestra cómo muchos disléxicos severos prefieren interpretar lo que escuchan con el oído izquierdo e ignoran los que percibe el derecho, o no muestran ninguna preferencia particular al escuchar información verbal con cualquier oído. Lo anterior sugiere que la mayor parte de sus áreas de lenguaje no están exclusivamente en el hemisferio izquierdo. Como hemos visto, una vez que el cerebro tiene que empezar a analizar el lenguaje en ambos hemisferios a la vez, la conexión entre ambas mitades a través del cuerpo calloso puede saturarse, lo cual genera confusión en la mente del disléxico acerca de lo que intenta interpretar.

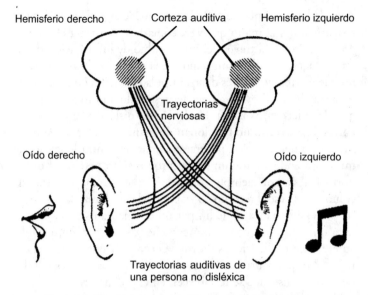

Hemisferio derecho   Corteza auditiva   Hemisferio izquierdo

Trayectorias
nerviosas

Oído derecho   Oído izquierdo

Trayectorias auditivas de
una persona no disléxica

Impresión teórica de la manera en que los impulsos nerviosos creados por los sonidos viajan a ambas mitades del cerebro desde cada
oído. Las trayectorias cruzadas son más fuertes, por eso lo que se
oye con el oído derecho se interpreta en gran medida en el hemisferio izquierdo y viceversa

¿Pueden superarse esas dificultades?

Una vez que conoce estos problemas fundamentales, puede pre-
guntarse cómo es que un niño disléxico podría superar su discapacidad. Por suerte, la causa de la dislexia parece residir en la
organización de las células cerebrales y la esperanza para su
recuperación se basa en la habilidad del cerebro joven para
cambiar y adaptarse a estímulos nuevos.

Toda la enseñanza multisensorial para disléxicos de los tipos
descritos en los capítulos 5 y 7 se basa en el conocimiento del
ciclo completo de impulsos nerviosos que intervienen en la
dislexia. Suponga que a un niño se le muestra la letra "d", y se
le pide que la copie o que diga el nombre de la letra en voz alta.
Primero, su cerebro recibe la información visual y auditiva

181

sobre la letra, después decide lo que puede significar, ordena el movimiento a la mano que va a copiarla y supervisa el resultado de su acción, a través del intercambio de información de las señales nerviosas de los músculos de la mano y el brazo, al tiempo que escribe, y a través de los impulsos visuales creados por la letra que ha escrito, así como del resultado auditivo de la letra que debe leer en voz alta. Si el niño es disléxico, una o varias partes de este ciclo no funcionan de manera adecuada. Aunque su sistema nervioso está programado para encontrarle sentido al mundo, tiende a darle un orden propio si no percibe el orden normal. Así, por ejemplo, puede ser que perciba la letra "d" como "b", la escriba como "b" y con toda confianza la lea como "d". Si la enseñanza sigue un patrón circular constante, de manera que todo lo que el niño escuche y vea sea comprensible, aprenderá a traducirlo a su forma escrita y a leerlo en forma correcta. Lo que ocurrirá es que, poco a poco, los enlaces fallidos de su ciclo disléxico se restablecen en el orden correcto.

Las células cerebrales de un niño son capaces de adaptarse y cambiar, pero su flexibilidad es menor a medida que el cerebro madura. Parece que existen dos periodos fundamentales para adquirir habilidades de lenguaje: el primero, desde el nacimiento a los cinco años para el lenguaje hablado, y el segundo, hasta los quince años para el lenguaje escrito. Desde luego, esto no significa que no pueda aprender nada nuevo después de los quince años, pero después de esta edad, las funciones de las diferentes áreas en el cerebro se afianzan más y pierden su capacidad de cambiar. En vista de que el punto clave de la terapia para la dislexia es alterar la manera en que el cerebro organiza y procesa el lenguaje, es obvio que la enseñanza especializada debe comenzar lo más pronto posible, y también es la razón de que los resultados en disléxicos mayores no sean tan buenos.

La capacidad de cambio del cerebro joven a menudo provoca que el niño disléxico termine con ciertas ventajas sobre sus compañeros no disléxicos. Como el tipo de terapia de recuperación que se ha descrito, en la que por lo general el disléxico no tiene que ser señalado por su falta de habilidades lingüísticas.

Como si necesitara compensar sus discapacidades originales, su cerebro puede dotarlo con talentos adicionales de alto nivel en otras áreas, como matemáticas, ciencias, o actividades creativas como la pintura, la música o la escultura, además de proporcionarle un impulso adicional de persistencia y determinación: *¡Viva la diferencia!*

Investigaciones adicionales de neurología sobre dislexia

Desde que este libro fue publicado por primera vez, se han investigado varias funciones neurológicas.

Tal vez la más renombrada sea el desorden de déficit de atención, con o sin hiperactividad. El déficit de atención con hiperactividad se conoce, en términos médicos, como síndrome de hiperquinesia y se caracteriza por:

a. Desatención: Cuando una persona parece que se distrae con facilidad, tiene dificultades para concentrarse, pospone de manera indefinida el inicio de alguna tarea o tiene dificultades para terminarla (lo que a menudo se malinterpreta como pereza); presenta dificultades para escuchar y seguir instrucciones; a menudo sueña despierta y fantasea.

b. Impulsividad: Cuando realiza acciones sin pensar, tiene dificultades para esperar su turno en filas, cambia de una tarea inconclusa a otra; grita o hace comentarios inapropiados para la situación, o se apresura a realizar actos irreflexivos.

c. Sobreactividad: Cuando una persona parece que "tiene motor", es inquieta, no descansa, golpea con los pies o mueve los dedos, se involucra en actividades sin sentido y es proclive a tener accidentes.

d. Desorganización: Extravía juguetes o libros; olvida tareas, junta los papeles, herramientas, plumas; no recuerda instrucciones.

e. Pocas habilidades sociales: Cuando la persona parece inmadura, poco atenta y carece de sensibilidad con las personas que le rodean; demanda atención, es agresiva, discute o exagera los problemas menores.

El desorden de déficit de atención sin hiperactividad es similar. Ninguna de las dos son causa de dislexia ni son un resultado de la misma, pero son condiciones que pueden coexistir con la dislexia, y a menudo así es. Los niños no se deshacen de esta condición al crecer, aunque los síntomas más evidentes parecen mitigarse con los años, dejando niños mayores o adultos con conductas inquietas y sin descanso. Al igual que la dislexia, esta condición es cuatro veces más frecuente en hombres que en mujeres. Las causas no se conocen a ciencia cierta, pero existen fuertes evidencias de factores hereditarios y de desequilibrios químicos o falta de ciertos neurotransmisores en el cerebro.

No existe un *remedio* para el déficit de atención pero cuando la condición es grave, se pueden administrar medicamentos junto con terapia, enseñanza especializada y cuidados en el aula, lo cual proporciona grandes resultados en relativamente poco tiempo. Sin embargo, los medicamentos sólo pueden administrarse bajo la supervisión de un médico. Si existe sospecha de dislexia, es importante la evaluación del médico. Con pequeños de edad preescolar, la queja más frecuente es que se tardan en comenzar a hablar o en desarrollar el lenguaje. Si la dislexia se relaciona con el déficit de atención, es más urgente que se proporcione tratamiento.

Las *discapacidad de aprendizaje no verbal* ha sido identificada en varios casos, en particular cuando el coeficiente intelectual de desempeño en las pruebas WISC es mucho menor que el verbal. Los niños en esta condición comparten algunas características con los niños con déficit de atención, quienes tienden a tener pocas habilidades sociales, dificultades para identificar la relación entre figuras (déficit visual-espacial) y habilidades motoras pobres. Es probable que se asocie con alguna disfunción en el hemisferio derecho del cerebro.

La *dispraxia* también es una condición neurológica que consiste en la falta de coordinación motora, relacionada con movimientos finos y generales o, en ocasiones, ambos. En niños con dificultades motoras finas, el habla dispráxica se caracteriza por no ser clara y se asocia con la presencia de problemas para tragar o comer.

La *obtención de imágenes de resonancia magnética* es la técnica de investigación más reciente para proporcionar información no agresiva sobre lo que el cerebro hace bajo diferentes condiciones y estímulos, además de que permite mayor precisión al decidir la función cada área.

Trayectorias visuales

Los ojos siempre han sido un tema complejo, como se sugirió al inicio de este capítulo. Sin embargo, muchos investigadores recientes han sugerido que, así como el cerebro de los disléxicos es diferente, también sus ojos lo son. Esto no es sorprendente, pues el nervio óptico no es en realidad un nervio, como por lo general se entiende, sino una extensión del cerebro. Se ha sugerido que existen dos sistemas de rutas visuales: el magnocelular y el parvocelular. El sistema magnocelular nos indica *dónde* están las cosas en el mundo y tiene una función más global, mientras que el sistema parvocelular nos indica *qué* cosas están en el mundo, es más preciso y duradero. Parece que el sistema transitorio (magnocelular) inhibe al permanente (parvocelular), de manera que la información no se sobrepone cuando se percibe de algo escrito. Si el sistema magnocelular falla al inhibir al parvocelular, entonces las imágenes se tornan confusas y difíciles de descifrar. Sin embargo, como indica María Farrer en su capítulo sobre neurología, en el curso *Correspondence*, no hay duda de que uno de los principales problemas de la investigación neurológica es que la misma información puede interpretarse de diferentes maneras, así que todavía hay un gran camino por andar en todos los aspectos de la investigación neurológica y de la investigación sobre dislexia.

Técnica básica de escritura manual

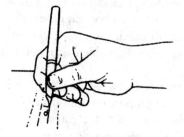

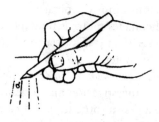

1 Ángulo de la pluma muy alto

2 Ángulo de la pluma muy bajo

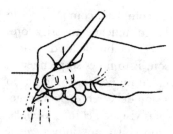

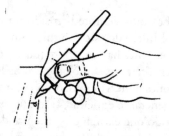

3 Ángulo de la pluma correcto

4 La almohadilla plástica triangular ayuda a colocar los dedos en la forma correcta

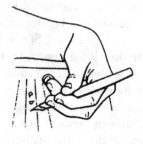

5 Agarre de "puño", típico en la dislexia

6 Posición típica de zurdo disléxico

7 La correcta posición para sentarse a escribir: los codos descansan en ángulo recto sobre el escritorio, los pies se apoyan en el piso y la espalda está recta.

8 El papel debe inclinarse a la derecha para los zurdos y colocarse hacia un lado, a diferencia de los diestros, para que la mano que escribe no tenga que cruzar la línea media que surge desde la nariz y no haga sombra sobre lo que se escribe.

9 Para los diestros, el papel debe inclinarse hacia la izquierda y debe colocarse más cerca de la línea media que en el caso de los zurdos.

7

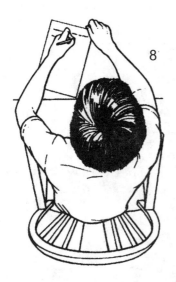

8

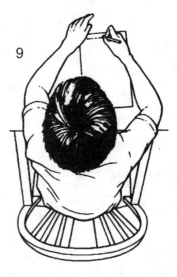

9

Índice

Guía completa de la dislexia, de la doctora Bevé Hornsby, fue impreso en septiembre de 2007, en Q Graphics, Oriente 249-C, núm. 126, C. P. 08500, México, D.F.